INHALT

Seite 19

Seite 31

So feiert der Südwesten 42
Megaparty Superbowl: das Endspiel-Event der National Football League

Der Südwesten gestern und heute 44
Am Puls der Zeit 47

Orte, die Geschichte schrieben 48
Die Area 51: Aliens in Nevada

Das bewegt den Südwesten 50
RV – Camping im US-Format
Ein Wohnmobil mieten 51

ADAC Traumstraße 52
Route 66, fantastische Landschaften, Kurioses am Wegesrand: der ultimative Roadtrip durch ein magisches Land
Von Las Vegas bis Williams 52
Von Williams bis Flagstaff 53
Von Flagstaff bis Durango 54
Von Durango bis Grand Junction ... 55
Von Grand Junction
bis Richfield 56
Von Richfield bis Las Vegas 57

Im Blickpunkt

Der Wandel von Sin City 73
Mark Twain im Südwesten 78
Nationalparks in den USA 82
Die Route 66 91
Die indigenen Völker
  Amerikas 111
Die Vegetation des
  Südwestens 112
Besonderheiten der Küche
  New Mexicos 122
Die Kunst in New Mexico 124
Die Pueblos in New Mexico 128
»Breaking Bad« 132
Die Mormonen – Utahs
  etwas spezielle Bewohner 158
Naturschutz gegen
  Wirtschaftsinteressen 161
Die Waffenlobby in den USA 167

3

INHALT

■ Unterwegs

ADAC Quickfinder
Das will ich erleben 60

Las Vegas und Nevada 64
1. Las Vegas 66
2. Death Valley National Park 75
3. Lake Tahoe 77
4. Virginia City 78
5. Reno 79
6. Loneliest Highway 81
7. Great Basin National Park 82
8. Boulder City 82
9. Hoover Dam und Lake Mead 83

Übernachten 84

Seite 77

Der Grand Canyon und Arizonas Norden 86
10. Grand Canyon 88
11. Seligman 91
12. Jerome 92
13. Sedona 93
14. Flagstaff 94
15. Petrified Forest National Park 96
16. Monument Valley 97
17. Page 98

Übernachten 99

Phoenix und Süd-Arizona 100
18. Phoenix 102
19. Scottsdale 106
20. Tempe 110
21. Organ Pipe Cactus National Monument 111

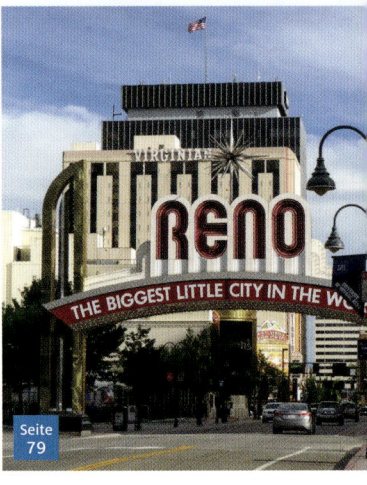

Seite 79

22. Saguaro National Park 112
23. Tucson 113
24. Bisbee 115

Übernachten 116

Sante Fe und New Mexico 118
25. Santa Fe 120
26. Los Alamos 124
27. Taos 125
28. Las Vegas, NM 128
29. Roswell 130
30. White Sands National Monument 131
31. Albuquerque 131

Übernachten 133

INHALT

Denver und Colorado 134
- 32 **Denver** 136
- 33 **Colorado Springs** 142
- 34 **Great Sand Dunes National Park** 144
- 35 **Pagosa Springs** 145
- 36 **Mesa Verde National Park** 146
- 37 **Million Dollar Highway** 146
- 38 **Black Canyon of the Gunnison NP** 148
- 39 **Colorado National Monument** 148
- 40 **Rocky Mountain National Park** 149
- 41 **Boulder** 150
- Übernachten 152

Utah und seine Nationalparks 154
- 42 **Zion National Park** 156
- 43 **Bryce Canyon National Park** 158
- 44 **Kodachrome Basin State Park** 160
- 45 **Capitol Reef National Park** 161
- 46 **Arches National Park** 162
- 47 **Moab** 164
- 48 **Canyonlands National Park** 165
- 49 **Natural Bridges National Monument** 166
- 50 **Lake Powell** 166
- Übernachten 168

 Zu diesen Orten und Sehenswürdigkeiten finden Sie Detailkarten im Innenteil des Reiseführers.

Service

USA Südwest von A–Z 170
Alle wichtigen reisepraktischen Informationen – von der Anreise über Notrufnummern bis hin zu den Zollbestimmungen.

- Festivals und Events 174
- Chronik 184
- Mini-Sprachführer 185
- Register 186
- Bildnachweis 189
- Impressum 190
- Mobil vor Ort 192

Umschlag:

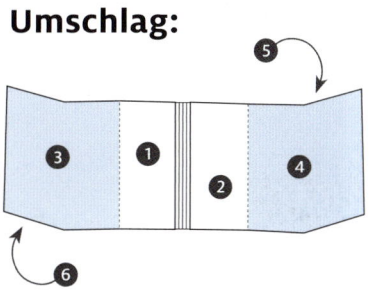

ADAC Top Tipps: Vordere Umschlagklappe, innen ❶

ADAC Empfehlungen: Hintere Umschlagklappe, innen ❷

Übersichtskarte USA Südwest West: Vordere Umschlagklappe, innen ❸
Übersichtskarte USA Südwest Ost: Hintere Umschlagklappe, innen ❹
Stadtplan Las Vegas: Hintere Umschlagklappe, außen ❺
Ein Tag in Las Vegas: Vordere Umschlagklappe, außen ❻

Der Südwesten der USA – der Roadtrip des Lebens

Atemberaubende Nationalparks und spannende Städte machen eine Reise durch die fünf Staaten zu einem unvergesslichen Erlebnis

Zweispurige Panoramastraße mitten durch den Arches National Park in Utah

Die ultimative Glitzerstadt. Die wohl spektakulärste Schlucht auf Erden. Ebenso einsame wie fotogene Gebirge. Die Spuren verblichener Zivilisation, die Kulturen indigener Völker und die unendlichen Weiten der Wüste mit ihrer einzigartigen Vegetation. Über ein Dutzend Nationalparks von atemberaubender Schönheit, unzählige Naturdenkmale und weltberühmte Panoramastraßen.

Wer sich in dieser Region aufhält, freut sich über das riesige Freizeitangebot, in den Bergen, auf dem Wasser, im Sattel oder auf dem Golfplatz. Und auch die Koch- und Braukünste können sich in Arizona, Colorado, Nevada, New Mexico und Utah sehen lassen – ganz zu schweigen vom kulturellen Angebot. Zu guter Letzt wäre da noch ein überwältigendes Angebot an Einkaufsmöglichkeiten.

Impressionen aus dem Südwesten der USA

Unendliche Weiten

Für die Planung eines einzigen Urlaubs ist der Südwesten eine echte Herausforderung: Das Gebiet ist mit 1,4 Mio. Quadratkilometern rund viermal so groß wie Deutschland. Die Einwohnerzahl hingegen beträgt mit 21 Mio. lediglich ein Viertel der Bundesrepublik. Gewissenhafte Besucher

müssen schon sechs Wochen Zeit mitbringen, um nur die wichtigsten Attraktionen abdecken zu können.

Pioniere und Entdecker

Schwieriger ist die Definition, was der Südwesten eigentlich ist. Kann man ihn wirklich an den Grenzen von fünf Bundesstaaten festmachen? Ist es die Topografie des Colorado-Plateaus, der Sonora-Wüste, der Rocky Mountains und all der kleineren geografischen Einheiten? Oder sind es doch eher die Menschen mit ihrer raubeinigen Vergangenheit und ihrer geschäftstüchtigen Gegenwart, die den Reiz der Region ausmachen? Pioniere und Entdecker, Cowboys und indigene Völker, ja sogar spanische und mexikanische Siedler haben über die Jahrhunderte ihre Ansprüche geltend gemacht. Nicht selten war dabei die Hoffnung auf den Fund von Gold, Silber, Öl und anderen Bodenschätzen die treibende Kraft.

Unabhängig von den Antworten auf diese Fragen konzentriert sich dieses Buch auf das Kerngebiet des Südwes-

Die unwirklich weißen Dünen im White Sands National Monument (unten) – Blick auf den Strip von Las Vegas (ganz unten)

Der Südwesten der USA – der Roadtrip des Lebens

Tafelberge im Monument Valley in Arizona (oben) – Blick auf den Stadtpark von Denver (Mitte) – Ausgetrocknete Ebene im Death Valley (unten)

ty finden keine Berücksichtigung, da sie nicht in das Konzept sechs in sich geschlossener und doch streckenmäßig nur lose gehaltener Routen passen.

Charaktere und Figuren

Als Einstieg in die Kapitel dient dabei jeweils der Ort, der mutmaßlich die meisten Besucher anzieht. In Nevada trifft das unweigerlich auf Las Vegas zu. Der ehemalige Sündenpfuhl hat sich mit seinen unwirklichen Kunstwelten zu einem Touristenziel von internationaler Bedeutung aufgeschwungen. Doch der Staat hat noch so viel mehr zu bieten – insbesondere die unendliche Weite und authentischen Charaktere, die auch heute noch an die Figuren erinnern, die Hollywood vor vielen Jahren mit so großer Leidenschaft auf die Leinwand gebracht hat.

tens. Geografisch abgelegene Gebiete wie die Carlsbad Caverns in New Mexico oder nicht direkt an Deutschland angebundene Städte wie Salt Lake Ci-

Impressionen aus dem Südwesten der USA

In unmittelbarer Nähe zu der Spielerstadt befindet sich mit dem Grand Canyon eine Naturattraktion, die wohl jeder einmal gesehen haben möchte. Erhaben und unvergesslich ist sein Anblick. Nord-Arizona ist aber auch das Durchfahrtsland der Route 66. Die »Mother Road« führte einst von Chicago nach Los Angeles, eine Reise, die stets auch mit der Hoffnung auf eine bessere Zukunft einherging.

Stadtwüste oder Wüstenstadt?

Ganz anders der Süden des Staates: Inmitten der Sonora-Wüste ist zwischen kargen Gebirgszügen und Wäldern aus Saguaro-Kakteen die Metropole Phoenix herangewachsen. Sie ist Mittelpunkt eines manchmal nur schwer zu durchschauenden Ballungsraums, der sich von einem Ende bis zum anderen über fast 100 Kilometer ausdehnt.

Pueblos und Puritanismus

Östlich davon liegt mit New Mexico die große Unbekannte des Quintetts. Der Staat hat sich erst 1912 den USA angeschlossen, was die Bewohner bis heute dazu zu animieren scheint, unangepasst zu bleiben. Die Hauptstadt Santa Fe ist mit ihren im Pueblo-Stil gehaltenen Häusern wahrlich einzigartig, während das Taos Pueblo ein wenig weiter im Norden seit mehr als 1000 Jahren von dem indigenen Volk bewohnt wird.

Auch Utah gestattet sich seine Eigenheiten: Der Staat war über Generationen hinweg fest in der Hand der Mormonen, die den Bewohnern eine weitgehend enthaltsame Lebensweise auferlegt haben. Ein gewisser Puritanismus zeichnet den Staat noch immer aus. Doch inzwischen hat Utah auch eine neue, junge Klientel angezogen. Diese fühlt sich einzig und allein

Mächtige Saguaro-Kakteen in der Wüste Arizonas

Der Südwesten der USA – der Roadtrip des Lebens

einer anderen festen Größe verbunden: der Natur. Und das ist angesichts der erstaunlichen Reichtümer alles andere als überraschend.

 Las Vegas ist so geworden, wie Gott es machen würde, wenn er Geld hätte.
Steve Wynn, Casinomogul

Quirlige Metropole

Bliebe noch Colorado, das die klassischen Vorstellungen vom Südwesten vielleicht nur bedingt bedient, denn es sind die Rocky Mountains, die weite Teile des Staats prägen. Doch in dem mythenumrankten Gebirge und seiner Umgebung befinden sich 150 Geisterstädte, die von den Abenteurern der Vergangenheit zeugen. Auch Cowboys, gründerzeitliche Eisenbahnen und gemütliche Dörfer mit Backsteinbauten gehören zum Inventar. Unmittelbar westlich der Rockies ändert sich der Gesamteindruck, dann nimmt das mächtige Plateau seinen Lauf, dem der Colorado River sein Gesicht gegeben hat. Davon abgesehen ist das quirlige Denver die Stadt im Südwesten, die nicht nur am leichtesten erreichbar ist, sondern in der sich Europäer auch am wohlsten fühlen.

All das ergibt in der Summe Stoff für den Roadtrip des Lebens. Mit erhabenen Naturerlebnissen, spannenden Aktivitäten, dynamischen Städten, tollen Hotels, unendlich vielen Brauereien, einer überraschend vielseitigen Kultur und in aller Regel sehr freundlichen und hilfsbereiten Menschen.

Die Emerald Bay ist im Nordosten mit dem Lake Tahoe verbunden

Auf einen Blick

Eine Reise in den Südwesten der USA ist im Prinzip zu allen Jahreszeiten möglich: Der Süden Arizonas, Las Vegas und die in allen fünf Staaten vertretenen Skigebiete haben im Winter Hochkonjunktur. Der Norden Arizonas, Colorado und das Hochland von Utah und New Mexico hingegen sind vor allem im Sommer beliebte Destinationen. Wer alle fünf Staaten erkunden möchte, ist daher mit dem Frühjahr und dem Herbst am besten bedient.

Der April ist ein echtes Highlight, weil dann in weiten Teilen der Wüste die Pflanzen blühen. Das ist ein ebenso fantastischer Anblick wie das gelbe Laub der Espen Colorados im Oktober. Höchste Zeit also, auf Entdeckungstour durch diese fantastische Region zu gehen.

Hauptstädte Arizona: Phoenix; Colorado: Denver; Nevada: Carson City; New Mexico: Santa Fe; Utah: Salt Lake City

Amtssprache Englisch

Währung US-Dollar

Fläche New Mexico: 314 161 km²; Arizona: 294 207 km²; Nevada: 284 332 km²; Colorado: 268 431 km²; Utah: 212 818 km² (Deutschland: 357 376 km²)

Tourismus Zuletzt kamen allein aus Deutschland etwa 2,2 Mio. Besucher pro Jahr.

Religion 69 Prozent der amerikanischen Bevölkerung sind Christen, 24 Prozent gehören keiner Religion an.

Nevada ist der trockenste der 50 US-Bundesstaaten.

Utah Hier mussten in den Restaurants alkoholische Getränke bis 2017 durch Milchglas abgeschirmt werden.

Colorado hat die drittmeisten Brauereien der USA.

New Mexico Hier haben 48 Prozent aller Einwohner hispanische Wurzeln – Platz 1 in den USA.

Arizona Die Wüste Arizonas ist der weltweit einzige Ort, wo Saguaro-Kakteen wachsen.

Magazin

Formvollendet: Am Horseshoe Bend bei Page im Norden Arizonas hat sich der Colorado River in geduldiger Arbeit ein sehr fotogenes Flussbett gegraben. Der Glen Canyon an der Grenze zu Utah ist so etwas wie die Ouvertüre für das, was im weiteren Verlauf noch folgt, führt der Weg des Colorado River doch auch durch den Grand Canyon.

Der Südwesten der USA ist überreich an faszinierenden Naturphänomenen – wie hier im Antelope Canyon. Er wurde vom Wasser in den roten Sandstein modelliert. Wenn im Sommer Lichtstrahlen in die enge Schlucht eindringen, mutet das Farbenspiel der bizarren Gesteinsformationen fast unwirklich an.

Canal Grande, Rialtobrücke und Dogenpalast mitten in einer Wüstenstadt? Darüber wundert sich in Las Vegas schon lange niemand mehr: Imitationen und Illusionen sind das Kerngeschäft der Vergnügungsmetropole, seit sich immer weniger Besucher den Versuchungen des Glücksspiels hingeben.

BESTE REISEZEIT

Beste Reisezeit im Südwesten der USA

FRÜHLING

Die perfekte Reisezeit, nur mit gewissen Tücken: Die Wüste blüht, die Palo-Verde-Bäume leuchten grün, doch in den Bergen liegt noch Schnee.

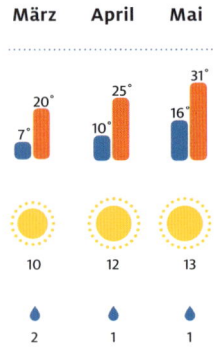

März	April	Mai
20° / 7°	25° / 10°	31° / 16°
10	12	13
2	1	1

Die Klimawerte gelten für Las Vegas.

Der Frühling zieht in den fünf Bundesstaaten alles andere als gleichzeitig ein. Das ist in erster Linie auf die beachtlichen Höhenunterschiede zurückzuführen. In Colorado mit seinen 53 »Fourteenern« (Gipfel von mehr als 14 000 Fuß oder 4267 Metern Höhe) dürfte es noch am wenigsten überraschen, dass sich der Winter in den Höhenlagen bis weit in den Wonnemonat Mai hartnäckig halten kann. Doch auch die anderen vier Staaten sind so hoch gelegen, dass manche Skigebiete bis spät in den April geöffnet sind – sogar in Arizona. Viele Passstraßen sind erst im Mai oder Juni mit einiger Sicherheit befahrbar, was für die Planung der Routen von erheblicher Bedeutung ist. Auch Top-Attraktionen wie der Grand Canyon oder der Rocky Mountain National Park sind im Frühling nur bedingt zugänglich.

Wer sich aber in tiefere Lagen begibt, kann einen spektakulären Lenz erleben: In den Wüsten Arizonas stehen im April die Kakteen in voller Blüte, während der grüngelbe Palo Verde Tree der Kirschblüte Konkurrenz macht. Die Hitze im Death Valley oder in Städten wie Scottsdale, Phoenix und Tucson ist in der ersten Frühlingshälfte noch moderat. Und die Hauptsaison mit ihren Mondpreisen für Hotelzimmer ist vorbei. Kurzum: Wer im Frühling einen Roadtrip durch den Südwesten unternimmt, kommt an einer zweckmäßigen Garderobe für alle Fälle nicht vorbei. Dafür sind die Eindrücke so vielseitig wie in keiner anderen Jahreszeit. Als Highlight wartet die Möglichkeit, am einen Tag durch das Death Valley zu fahren und am nächsten Tag – vielleicht am Lake Tahoe? – die Ski unterzuschnallen.

Ein besonderes Erlebnis: Frühlingserwachen in den Wüsten Arizonas

Im Sommer ruft der Berg: Wandern in den Rocky Mountains

SOMMER

Hochsaison in den Nationalparks, günstiger Luxus in der Wüste: Frühzeitiges Buchen der Unterkünfte ist in jedem Fall empfehlenswert.

Die Amerikaner freuen und wundern sich zugleich über Europäer. Die Besucher aus Übersee scheuen nämlich selbst den Hochsommer nicht für einen Roadtrip. Die staunenden Blicke sind nicht ganz unbegründet, kann es doch in den Tieflagen Arizonas, Nevadas und New Mexicos im Juni, Juli und August mit Temperaturen von 45 Grad und mehr unmenschlich heiß werden. Freiluftaktivitäten sind allenfalls in den ersten Stunden nach Sonnenaufgang ratsam. Die Neigung der Amerikaner, alle öffentlichen Gebäude – vom Restaurant bis zur Shopping-Mall – auf Eisschranktemperatur herunterzukühlen, macht den Sommer auch nicht verträglicher.

In den höher gelegenen Gefilden indes sind die Sommermonate die Hauptsaison. Die Rockies, der Grand Canyon oder die Nationalparks Utahs werden von Einheimischen und Europäern gleichermaßen überrannt, was mittlerweile zu Einschränkungen des Individualverkehrs geführt hat. Städte wie Denver oder Santa Fe buhlen unterdessen mit Events um Aufmerksamkeit. Die Lebensfreude kann neue Gipfel erreichen.

Entsprechend verteilt sind auch die Preise: Wer es sich mal in Phoenix oder Scottsdale in einem Luxusresort gut gehen lassen möchte, kann im Sommer günstig buchen. In vielen Nationalparks ist es derweil fast ein Ding der Unmöglichkeit, ein Zimmer oder einen Stellplatz für Zelt oder Wohnmobil zu bekommen. Eine langfristige Vorbereitung ist also unumgänglich.

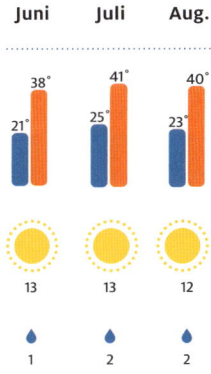

	Juni	Juli	Aug.
Temp. max.	38°	41°	40°
Temp. min.	21°	25°	23°
Sonnenstunden	13	13	12
Regentage	1	2	2

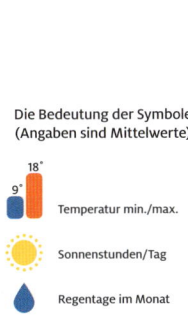

Die Bedeutung der Symbole (Angaben sind Mittelwerte)

- 18°/9° Temperatur min./max.
- Sonnenstunden/Tag
- Regentage im Monat

BESTE REISEZEIT

Sept.	Okt.	Nov.
35° / 19°	28° / 12°	20° / 6°
☀ 11	☀ 10	☀ 8
💧 1	💧 1	💧 1

HERBST

Nebensaison mit moderatem Betrieb und der Südwest-Version des Indian Summer: Der Herbst lockt mit günstigen Preisen und leuchtenden Farben.

Nach dem Labour Day (erster Montag im September) endet für viele Amerikaner die sommerliche Hochsaison. Der Betrieb nimmt vielerorts spürbar ab, in Wohnmobilen reisende Rentner übernehmen die Vorherrschaft. Doch es dauert nicht lange, ehe mit dem Indian Summer die nächste populäre Reisezeit beginnt: In den Rocky Mountains verfärbt sich das Espenlaub, um in strahlendem Gelb an den Ästen zu zittern. Nicht selten wird die Farbpalette von Rottönen und dem Grün der Koniferen angereichert – ein Naturereignis, das nicht so schnell langweilig wird. Die meisten Nationalparks sind in den ersten Herbstwochen noch ohne Einschränkung erreichbar – inklusive der vielen Wanderwege.

Gleichzeitig können sich die Wüsten und ihre Städte langsam aus dem Würgegriff der sommerlichen Hitze lösen, und nicht nur auf die Golfplätze kehrt das Leben zurück. All dies macht den Herbst zu einer guten Reisezeit für den Südwesten, wobei in den meisten Fällen auch die Preise für Übernachtungen moderat sind.

Populäre Städte wie Las Vegas oder Denver allerdings können eine Ausnahme bilden: Wenn diese Gastgeber großer Messen sind, schießen die Zimmerpreise in den Himmel. Ein weiterer Nachteil vor allem des Spätherbstes: das abnehmende Tageslicht.

Goldener Herbst: In den Bergen färbt sich das Laub wie hier am Maroon Creek mit Blick auf die Maroon Bells

Wintervergnügen ohne Ski: Schneeschuhlaufen in der Herman Gulch in Colorado

WINTER

Golfen in der Wüste und Skifahren im Pulverschnee: Jetzt ist Hochsaison für Luxus- und Wellnessreisen in faszinierende Landschaften.

Warme Tage mit kalten Nächten und klarer Luft – so sieht im Großraum Phoenix ein typischer Wintertag aus. Und genau deshalb herrscht von Weihnachten bis Anfang April Hochsaison in der Wüste. Amerikaner aus dem Norden fliegen ein, um der Kälte zu entfliehen, an ihrem Golf-Handicap zu arbeiten und die Pool-Landschaften zu testen. Während sich die Tieflagen der fünf Bundesstaaten durchaus auch im Winter für einen Roadtrip eignen, läuft in vielen Nationalparks wenig: Zwar sind diese alle generell geöffnet, doch der Zugang wird häufig von Schnee und Eis behindert. Viele Straßen sind in den Höhenlagen bis zu einem halben Jahr lang gesperrt. Dafür kommt eine Attraktion hinzu, die sonst gern übersehen wird: Alle fünf Staaten des Südwestens verfügen über herrliche Skigebiete mit Gipfellagen von weit über 3000 Metern. Das wunderbare Umfeld und die teils erheblichen Temperaturunterschiede zwischen Berg und Tal sorgen für Eindrücke, die in dieser Form in Europa nicht zu finden sind.

Die Flucht in die Wüste allerdings hat ihren Preis: In den Resorts von Phoenix, Scottsdale und mit Abstrichen auch von Sedona oder Tucson sind die Zimmer, gemessen an europäischen Standards, kaum zu bezahlen. Zuletzt wurden in den Resorts Durchschnittspreise von 700 Dollar pro Nacht erzielt. Auch Wintersport gibt's in den USA nicht zu Schnäppchenpreisen. Dafür entfallen Alpenfolklore, Après-Ski und die langen Wartezeiten am Lift, während der Schnee als fein und trocken gilt.

	Dez.	Jan.	Feb.
	1° / 14°	1° / 14°	4° / 17°
☀	8	8	9
💧	2	2	2

SO SCHMECKT'S IM SÜDWESTEN

Mehr als Burger und Burritos

Ein kulinarischer Aufschwung sondergleichen macht die USA neuerdings zur Feinschmecker-Destination. Dass die Amerikaner gern essen, ist ja kein Geheimnis. Weniger bekannt hingegen ist, dass immer mehr von ihnen vorzugsweise gut essen.

GOURMETLOKALE UND FAST-FOOD-KETTEN

Erstklassige Zutaten, kreative Rezepte, innovative Chefköche und originelle Restaurantkonzepte haben in der jüngeren Vergangenheit dazu geführt, dass in Las Vegas, Scottsdale, Denver, Santa Fe oder Sedona Food-Szenen entstanden sind, die sich vor keinem Gourmet der Welt verstecken müssen. Die Kaffeekultur, der Craft-Beer-Hype und die neue Freude am Wein runden das gastronomische Erlebnis in flüssiger Form ab.

Die neue Genussfreude ist jedoch kein flächendeckendes Phänomen. Weite Teile des Südwestens befinden sich immer noch fest in der Hand von Restaurantketten, die an allen Ausfallstraßen und Interstate-Ausfahrten mit ihren standardisierten Speisekarten den Hunger eiliger und risikoscheuer Reisender stillen. Wer die global operierenden Fast-Food-Konzerne meidet, kann stattdessen regionale Ketten wie Modern Market (*www.modernmarket.com*) besuchen, die das Farm-to-Table-Konzept beherzigen und für die leckeren Gerichte frische Biozutaten aus regionalem Anbau verwenden.

Typisch für die Tex-Mex-Küche des Südwestens sind köstlich gefüllte Tacos

EINE SALSA FÜR JEDE UHRZEIT

Gerade der Südwesten aber ist auch für eine Küche bekannt, die mit der Esskultur der USA reichlich wenig gemeinsam hat. Diese Küche firmiert in weiten Teilen des Landes unter dem Namen Tex-Mex, was die Sache nicht ganz trifft, denn die Ursprünge der kräftig gewürzten Gerichte sind eher in New Mexico zu

SO SCHMECKT'S IM SÜDWESTEN

Alle zwei Wochen findet in Santa Fe der Farmers Market statt, einer der ältesten, größten und beliebtesten Bauernmärkte New Mexicos

suchen, das gemeinsam mit Arizona erst 1914 den Vereinigten Staaten beigetreten ist.

Vom Frühstück bis zum Abendessen wird hier nahezu jedes Gericht mit »Chile« gereicht, Chilischoten aus der Region, die mal zu einer roten und dann wieder zu einer grünen Salsa verarbeitet werden, so wie es die Pueblo-Völker und die spanischen Siedler in New Mexico seit Ewigkeiten praktizieren. Auch in den angrenzenden Bundesstaaten sind die ebenso scharfen wie animierenden Gerichte recht weit verbreitet. Wenn gerade keine eigentümergeführten Restaurants in der Nähe sind, schwören die Einheimischen auf die Kreationen von Chipotle *(www.chipotle.com)*, die auf nachhaltig produzierte Zutaten setzen.

ZUKUNFTSFÄHIGE MÄRKTE

Voll im Trend liegen in letzter Zeit Food Markets oder Food Halls, also Lebensmittelmärkte. Inspiriert von den Street-Food-Wagen, die sich überall in den USA etabliert haben, sprießen die Markthallen in den angesagten Metropolen aus dem Boden. In Denver treffen sich die Fans kleiner Tellergerichte im Milk Market *(www.denvermilkmarket.com)* oder im Central Market *(denvercentralmarket.com)*. Gleichzeitig feiert auch der traditionelle Markt mit regionalen Erzeugern ein unerwartetes Comeback. Halb Phoenix begegnet sich samstags auf dem Public Market (S. 103, *phxpublicmarket.com)*, und in Scottsdale lockt im Winter am Samstag der Farmers Market *(www.arizonafarmersmarkets.com)*, während in

SO SCHMECKT'S IM SÜDWESTEN

New Mexico eine Dachorganisation eine ganze Reihe von Märkten organisiert *(farmersmarketsnm.org)*.

STERNEKÖCHE IN SIN CITY
Zur kulinarisch interessantesten Stadt hat sich ausgerechnet Las Vegas aufgeschwungen. Weil die Glücksspielgemeinde im Zeitalter allgegenwärtiger Algorithmen zunehmend erkennt, keine Chance auf Gewinne zu haben, bieten die großen Hotelcasinos schon seit Langem umsatzstarke Alternativen. Dabei hat es sich als gute Strategie erwiesen, die Billigbüfetts durch hochqualitative Gastronomie zu ersetzen. Den Anfang machte schon in den 90er-Jahren der ausgewanderte Österreicher Wolfgang Puck mit seinen Restaurants *(wolfgangpuck.com)*. Angeführt vom Lokal des Franzosen Joël Robuchon *(www.joel-robuchon.com)*, hat sich mittlerweile ein ganzes Bataillon von Sterneköchen in Sin City etabliert. Selbst im Mittelklassecasino wie dem Park MGM *(www.parkmgm.com)* ist ein Frühstück mit Gurken-Ingwer-Smoothie, Filetsteak und Flat White (Cappucino-Variante) heutzutage keine Extravaganz.

VOLL IM TREND: SUPERFOOD UND BRAUKUNST
Wer einmal seinen Spaß an gesunden, originellen und vorzugsweise hausgemachten Zutaten entdeckt hat, kann in den Metropolen des Südwestens regelrechte Food-Trends aufspüren. So bestellt in den eigentümergeführten Cafés kein Mensch mehr schnöde Sojamilch als Ersatz für Kuhmilch, nein! Wenn, dann soll es bitte hausgemachte Macadamiamilch sein. Und damit wären wir gleich beim nächsten Hype: Superfood. An diesem Oberbegriff orientiert sich der gesundheitsbewusste Metropolenbewohner mit seinen Ernährungsgewohnheiten, die sich von Chiasamen bis Açai-Beeren in »Bowls« wiederfinden – so nennen viele die hübsch in Schüsseln angerichteten Kompositionen.

Bliebe noch das Bier, das ungefähr bis zur Jahrtausendwende nur leidensfähige Touristen konsumieren konnten. Mittlerweile aber hat so gut wie jede Kleinstadt wieder eine eigene Brauerei mit fähigen Braumeistern (S.63). Allein in Colorado verkaufen etwa 350 Brauereien ihren eigenen Gerstensaft, für dessen Verkostung sich der Beer Trail in Denver *(denverbreweryguide.com)* der USA hervorragend eignet.

Reservierung
»Have you made a reservation?« Diese Frage ertönt mit großer Sicherheit beim Besuch eines gehobenen Restaurants. Man ist gut beraten, online oder telefonisch einen Tisch zu reservieren, um Enttäuschungen zu vermeiden.

SO SCHMECKT'S IM SÜDWESTEN

In aller Munde

Das Steak – am liebsten beim Barbecue

Hawaiianisch inspirierte Poke-Bowls, Sushi, vietnamesische Sommerrollen, Holzofen-Pizza und Superfood-Joghurt sind alle schön und gut. Doch die Esstrends der Gegenwart können noch so schmackhaft, schick und gesund sein – sie ändern wenig daran, dass die meisten Amerikaner sich im Ernstfall auf ein Steak als Grundnahrungsmittel einigen würden. Langweilig wird das so schnell nicht, denn vom edlen Filetstück über das mit einem Fettauge versehene Rib-Eye bis zum gigantischen Porterhouse-Steak ist die Spannbreite groß. Wer heute etwas auf sich hält, bestellt sein Fleisch »medium rare« vom Grill, wobei so manches Restaurant mit offenem Feuer und unterschiedlichen Holzsorten arbeitet. Bei moderaten Röstaromen ist der Eigengeschmack so am ausgeprägtesten. Gleichzeitig bleibt die zarte Konsistenz gewahrt. Gourmets probieren auch gern ein Stück Fleisch, das nach der Sous-Vide-Methode schonend gegart wird, um anschließend in Windeseile in der gusseisernen Pfanne auf Serviertemperatur gebracht zu werden. Wer Wert auf stilvollen Glasinhalt legt, bestellt dazu einen trockenen Martini.

Eine Renaissance feiert gerade das Steakhouse im Stile des »Mid Century Modern« der 50er- und 60er-Jahre, wie er etwa bei Durant's in Phoenix *(www.durantsaz.com)* kultiviert wird. Alles hier erinnert an die TV-Serie »Mad Men«.

Lieblingsessen der Amerikaner: Beefsteak vom Grill

Steak und singende Kellner gibt's im »Black Bart's Steakhouse« in Flagstaff

Eldorado für Schnäppchenjäger

Ein Tag in der Shopping Mall gehört für viele Amerikaner zu den wiederkehrenden Highlights des Alltags. Europäische Markenfans freuen sich über Dumpingpreise. Und es gibt auch immer mehr Alternativen zum Einkaufszentrum.

MARKENSCHNÄPPCHEN UND SECOND-HAND-FUNDE

Jeans, Sneakers, Sportkleidung und Kosmetika gehören zu den bevorzugten Trophäen gewiefter USA-Shopper. Die Produkte einschlägig bekannter Marken sind in Europa meist deutlich teurer. Und weil die Amerikaner nahezu wöchentlich einen Anlass finden, ein Schild mit den Lettern »SALE« in den Schaufenstern zu platzieren, liefert sich der Einzelhandel mit schöner Regelmäßigkeit Rabattschlachten, die den Konsum anheizen. Gute Adressen für gehobene Geschäfte sind in der Regel die Malls der Entwicklungsgruppe Simon *(www.simon.com)*, die auch im Outlet-Sektor *(www.premiumoutlets.com)* stark vertreten sind. Kunden sollten dort nicht vergessen, dass die vermeintlich günstigen Produkte nicht selten von minderwertiger Qualität sind.

Kleiner Tipp: Wer sein Budget schonen möchte, sollte nicht in Las Vegas einkaufen gehen. Am Strip sind so gut wie alle Sachen deutlich teurer als im Rest des Landes. Dafür eignet sich Sin City ziemlich gut, um in der Ver-

Die Shoppingausbeute kann bei den Preisen etwas ausufern. Also empfiehlt es sich, im Koffer vorsorglich ausreichend Platz für Schnäppchen zu lassen

gangenheit zu stöbern. Im Arts District (S. 71) etwa haben Second-Hand-Läden einige Lagerhallen bezogen, wo sie Klamotten, Schallplatten und typische Americana aus den 50ern, 60ern und 70ern anbieten. Ähnliche Geschäfte gibt es in nahezu jeder Kleinstadt, meist in der Nähe von Universitäten oder Colleges.

DIE RENAISSANCE DER PLAZA

Apropos Kleinstadt: Über Jahrzehnte hinweg haben die Amerikaner ihre Innenstädte verkommen lassen. Dieser Trend kehrt sich grade ins Gegenteil um: Die Menschen scheinen der klinischen Atmosphäre der Kunstwelten müde zu sein. Stattdessen steht ihnen der Sinn nach Geschäften, Restaurants, Bars und Cafés, die sich im Idealfall um eine Plaza gruppieren: So wie sie sich das Leben in Europa vorstellen – und so, wie es in vergangenen Zeiten auch im Südwesten war. Daher fließt zurzeit viel Geld in die Wiederbelebung der Innenstädte.

Zünftige Mitbringsel: Cowboyhut und Westernhemd

Das perfekte Souvenir

Ein Westernhemd von Papa Jack

Cowboystiefel mögen nicht unbedingt dem Zeitgeist entsprechen. Das bedeutet aber keineswegs, dass die Westernmode in ihrer Gesamtheit ausgedient hätte. Manch einer würde zum Beispiel gern wie der große Heath Ledger und sein Kollege Jake Gyllenhaal im Film »Brokeback Mountain« herumlaufen. Das Outfit der beiden Schauspieler stammt von Rockmount Ranch Wear *(www.rockmount.com)* in Denver. Das Haus hat sich seit 1946 auf stilvollen Cowboybedarf spezialisiert, wobei Firmengründer Jack A. Weil bereits nach acht Jahren im Business eine wegweisende Erfindung für sich beanspruchen durfte: Er hat das karierte Hemd mit Druckknöpfen ausgestattet und damit einer ganzen modischen Strömung den Weg geebnet. Bald sollten so unterschiedliche Figuren der Zeitgeschichte wie Bob Dylan, Robert Redford, Elvis Presley, Ronald Reagan und David Bowie (!) zum Kundenstamm gehören. Mit viel Sinn für geschicktes Marketing haben Weil und sein Team ihre Produkte in diversen Hollywoodfilmen platziert, darunter »Misfits« mit Clark Gable und Marilyn Monroe, »Der Pferdeflüsterer« mit Robert Redford und »Red Rock West« mit Nicholas Cage. Heute genießen die Hemden Legendenstatus. Papa Jack, so sagt man im Stammhaus im angesagten Viertel LoDo, sei für die Westernkleidung, was Henry Ford für das Automobil ist. Seine Errungenschaften scheinen ihm Flügel verliehen zu haben, denn Jack Weil wurde 107 Jahre alt. Bis zuletzt erschien er in der Firma zur Arbeit. Auch deshalb – ein Trost für alle, die nicht nach Denver kommen – sind seine Produkte in mehr als 1000 Geschäften erhältlich.

MIT DER FAMILIE UNTERWEGS

Kids are welcome!

Die USA sind ein ausgesprochen kinderfreundliches Land. Überall ergänzen Themenparks oder ähnliche Vergnügungsstätten das ohnehin nicht knappe Angebot an Naturattraktionen. Für den gemeinsamen Spaß müssen Familien jedoch nicht selten beachtliche Dollarbeträge auf den Tisch legen.

ÜBERNACHTEN MIT KINDERN

Von Camping über Ferienwohnungen bis Cowboy-Ranches ist alles geboten (S. 181). Hotelübernachtungen sind für vierköpfige Familien das wohl geringste Problem: Man buche ein Zimmer mit zwei Betten im Format King oder Queen Size – und schon kommen alle unter. Das kostet in der Regel nicht mehr als eine Belegung als Einzelzimmer. Wer die Anmietung von zwei Räumen bevorzugt, muss nicht befürchten, dass der Nachwuchs über die Stränge schlägt: Die meisten Unterkünfte besitzen eine Verbindungstür zwischen den Zimmern. Auf Spielplätze oder andere kinderfreundliche Einrichtungen allerdings brauchen Reisende in den Motel- und Hotelketten nicht zu hoffen – meist handelt es sich um reine Zweckbauten.

URLAUBSKASSE

Die Kosten für Ferien im Südwesten müssen für Familien nicht unbedingt aus dem Ruder laufen: Die Eintrittsgelder für Nationalparks und State Parks etwa werden grundsätzlich pro Fahrzeug erhoben. 35 Dollar für vier Personen sind bei einem Besuch des Grand Can-

Im Westernstädtchen Old Tucson gibt's Cowboys, Kutschen, Karussells und vieles mehr, was Kinderherzen höher schlagen lässt

MIT DER FAMILIE UNTERWEGS

yons oder des Rocky Mountains National Park ein Schnäppchen – zumal die Tickets sieben Tage gültig sind. Themenparks und andere familienfreundliche Attraktionen wie Old Tucson (S. 115, *oldtucson.com*) oder die Desert Botanical Gardens in Phoenix *(www.dbg.org)* sind im Südwesten mit Tarifen von 20 bis 25 Dollar vergleichsweise günstig, wobei die Eintrittspreise für Kinder in der Regel um rund 50 Prozent reduziert sind.

Ähnlich verhält es sich bei naturwissenschaftlichen Museen, während kulturelle Institutionen wie etwa das Georgia O'Keeffe Museum (S. 121, *www.okeeffemuseum.org)* in Santa Fe für alle unter 18 umsonst sind. Restaurants bieten nicht immer kinderfreundliche Portionen an. Generell gilt auch im Familienrestaurant: Gute und gesunde Speisen sind teurer als Fast Food.

KULTUR FÜR KIDS

Die meisten Urlauber besuchen den Südwesten wegen seiner Naturschätze. Das bedeutet aber keineswegs, dass die fünf Bundesstaaten ein kulturelles Vakuum bilden. Auf jeden Fall beherbergt die Region einige ziemlich schräge Attraktionen, welche die Aufmerksamkeit jedes noch so stoischen Kindes auf sich ziehen sollten. Das gilt ganz bestimmt für das International UFO Museum in Roswell (S. 130, *www.roswellufomuseum.com)* und für das Museum of Natural History and Science in Albuquerque *(www.nmnaturalhistory.org),* wo die Vorstellungen von Außerirdischen bzw. lebensgroße Skelette von Dinosauriern die Fantasie anregen. Sehenswürdigkeiten dieser Art eignen sich ganz besonders, wenn die Kids der unvermeidlich langen Autofahrten eines Roadtrips überdrüssig sind.

Der computeranimierte T. Rex im Museum of Natural History and Science in Albuquerque sorgt für echte Wow-Momente

DIE TÜCKEN EINES ROADTRIPS

Die Weite der Landschaft auf sich wirken lassen und die einzigartige Natur erfahren: Das ist die kaum umstrittene Motivation für einen Urlaub im Südwesten. Im Familienverbund kann eine solche Reise wegen der langen Distanzen und der teils unbarmherzigen Hitze zu einer

MIT DER FAMILIE UNTERWEGS

In Tombstone kann man den Wilden Westen live erleben – Schauspieler stellen z. B. die berühmte Schießerei am O. K. Corral nach, die viele Westernfilme inspirierte

echten Herausforderung werden. Wichtig zu wissen: Auf vielen Strecken tauchen selbst die üblichen Fast-Food-Ketten, Tankstellen und Supermärkte nur höchst sporadisch auf. Kaufen Sie daher einen Cooler, also eine Kühlbox, die Sie mit Softdrinks, Eiswürfeln und ein paar Snacks bestücken. Für die Laune der Kids kann sich das als sehr hilfreich erweisen.

KLEINE UND GROSSE ABENTEUER

Ein Trip durch den Südwesten bietet eine Fülle von Erlebnissen – in Europa gibt es nichts auch nur ansatzweise Vergleichbares. Vor allem die Themenparks rund um die Cowboykultur drängen sich geradezu auf (S. 115): Old Tucson (*oldtucson.com*) etwa ist ein ziemlich sympathischer Themenpark. Rustikaler und authentischer aber geht es in Tombstone *(tombstoneweb.com)* zu, einem kaum veränderten Westerndorf, wo Schauspieler den rauen Charme vergangener Tage zu neuem Leben erwecken. Für einen Abstecher nach Tombstone spricht weiterhin, dass der Besuch keinen Eintritt kostet. Wer sich für die Cowboykultur interessiert, sollte auch vor Reitversuchen nicht zurückschrecken. Touristisch orientierte Betriebe wie die Sylvan Dale Guest Ranch (S. 150, *www.sylvandale.com*) oder die Ghost Ranch (S. XX, *www.ghostranch.org/explore/outdoor/horseback-trail-riding/*) rühmen sich gut ausgebildeter Pferde, die auch Neulingen Erfahrungen von bleibendem Wert verschaffen.

MIT DER FAMILIE UNTERWEGS

LIEBER NICHT
Las Vegas mag ein wundersamer Flecken Erde sein. Europäische Urlauber sollten aber nicht so naiv sein, die Casinobereiche der großen Hotels mit ihrem Nachwuchs betreten zu wollen. Dieser ist strikt Personen ab 18 Jahren vorbehalten, eine Regel, die vom Security-Personal unwirsch kontrolliert wird.

Leuchtende Augen

Die Grand-Canyon-Eisenbahn
Im Olymp der unvergesslichen Naturwunder unseres Planeten ist dem Grand Canyon ein Platz sicher. Ganz bestimmt in Erinnerung bleibt ein Besuch, wenn man mit jenem Verkehrsmittel anreist, das schon die Pioniere des Tourismus nutzten: Seit 1901 fährt die Grand Canyon Railway (S. 90, *www.thetrain.com)* vom Städtchen Williams zum South Rim. Kindern gehen während der Fahrt in den stilvollen Waggons die Augen über. Die silbernen Wagen rollen zunächst 2¼ Stunden durch die üppig mit Gelbkiefern bewachsene Hochebene, ehe sie den Bahnhof des Nationalparks erreichen. Anschließend sind es nur wenige Meter bis zu den ersten Aussichtspunkten der Mutter aller Schluchten – ein Erlebnis, das nicht so leicht zu toppen ist. Wer dem Trip eine besondere Note verleihen möchte, sollte den Samstag als Reisetag in Erwägung ziehen: Etwa ein Dutzend Mal pro Jahr holt die Eisenbahngesellschaft an diesem Wochentag die alte Dampflok aus dem Depot. Das Schlachtross wurde 1906 gebaut und ist 1989 in den Besitz der Eisenbahngesellschaft gelangt. Seit 2016 lässt sie mit Unterstützung einer weiteren Dampflok die alten Zeiten wieder aufleben. Im Winter kommt der Zug sogar ohne Besuch der Canyons aus: Immer dann verwandelt er sich in den »Polar Express«, und prominentester Passagier der 90-minütigen Fahrt ist der Weihnachtsmann. Ansonsten ist die Tour zum Canyon mit einem Aufenthalt im Railroad Hotel kombinierbar *(www.thetrain.com)*. Die Preise variieren je nach Saison stark. Die Bahnfahrt mit Übernachtung kostet für eine vierköpfige Familie ab 500 Dollar.

Im historischen Zug mit Dampflok zum Grand Canyon – das macht nicht nur Kindern Spaß

KULTUR IM SÜDWESTEN

Wie das Country die Kunst prägte

Unendliche Weite, atemberaubende Landschaften und gutes Wetter sind in der Neuen Welt seit je im Überfluss vorhanden – auch im Südwesten der USA. Was vielen Migranten in Amerika jedoch lange Zeit gefehlt hat, sind die Geschichte, die Traditionen und die kulturelle Dichte des alten Europa.

Diese Zeiten aber sind mittlerweile vergessen. In fast allen kreativen Disziplinen hat der Südwesten eine eigene Identität entwickelt. Ein leuchtendes Beispiel in der Architektur sind die typischen Adobe-Häuser, die New Mexico und vor allem seine Hauptstadt Santa Fe auf so prägnante Weise vom Rest der USA unterscheiden. Der »Adobe Revival Style« hat sich an der Schwelle vom 19. zum 20. Jahrhundert durchgesetzt, als sich Modernisten überall in den USA von traditionellen Formen inspirieren ließen, um etwas einzigartig Amerikanisches zu definieren. Beispielhaft für diesen Stil ist das New Mexico Museum of Art (S. 121).

STILISTISCHE MEILENSTEINE IN BAUKUNST UND MALEREI

Einen noch originelleren Ansatz hat Frank Lloyd Wright verfolgt, indem er das Wohnhaus an die Topografie der Prärie angepasst und möglichst unauffällig in die Landschaft integriert hat. Sein privates Domizil Taliesin West (S. 107) befand sich bei Fertigstellung 1937 in sicherem Abstand zum Westernstädtchen Scottsdale, wo es als ein leuchtendes Vorbild für eigenständige amerikanische noble Eleganz gefeiert wurde. Ähnlich war es bei den Gemälden von Georgia O'Keeffe (S. 121): Die Malerin hat es verstanden, die Farben und Formen des Südwestens so auf Leinwand zu bannen, dass auch die Kulturszenen an der Ostküste und in Europa darin einen neuen Stil erkennen konnten.

Berühmte Baukunst: Frank Lloyd Wrights Winterdomizil Taliesin West mit seinem roten Glockenturm bei Scottsdale

»Tucson-Desert-Rock« mit Elementen aus Folk, Country, Jazz und Mariachi: Die Band Calexico ist international erfolgreich

DER SOUND DER WÜSTE

Im Vergleich zur Popularität des (Western-)Films – und der Literaturvorlagen – sind die genannten Genres allenfalls Randerscheinungen. Doch der Westernfilm galt lange Zeit zu Recht als eher banal. Ab den späten 30er-Jahren aber konnte er sich dank der Werke von Regisseuren wie John Ford oder Howard Hawks (S. 36) als legitime Kunstform behaupten. In den 80ern und 90ern schließlich gelang es auch Musikern, die Aura des Südwestens überzeugend und ohne Kitsch in Songs einfließen zu lassen. Leuchtende Beispiele sind Giant Sand (»Valley of Rain«) und Calexico (»The Black Light«). Den beiden aus Tucson (S. 113) stammenden Bands gelingt es, die Weite und die Farben der Landschaften in einen eigenständigen Sound zu übertragen, der musikalische Country-Klischees der Vergangenheit weiterentwickelt und auf eine neue Ebene hebt. Dabei kommen auch mexikanische Einflüsse zur Geltung. Die Fusion der Stilrichtungen kulminiert jedes Jahr im Juli, wenn sich die besten Mariachis der Welt in Albuquerque treffen *(www.mariachispectacular.com)*.

MEHR KOMMERZ ALS KUNST

All diese Errungenschaften freilich müssen es bezüglich ihrer Strahlkraft gegen das grelle Las Vegas aufnehmen (S. 66). Auch die glitzernde Wüstenstadt wird als Beitrag des amerikanischen Südwestens in die Menschheitsgeschichte eingehen – mit ihren Imitationen von Eiffelturm, Rialtobrücke und ägyptischen Pyramiden sowie den Shows von Celine Dion, Elton John und anderen Popstars jenseits ihres Zenits. Der dort alles bestimmende hemmungslose Kommerz allerdings bietet vielleicht eher Anlass für gesunden Kulturpessimismus.

KUNSTGENUSS

Der gute alte Western

Das Filmgenre hat unser Bild von den Landschaften und der Kultur des Südwestens maßgeblich geprägt. Oftmals totgesagt, erweist es sich bis heute als kraftvolle Ausdrucksform – auch dank zeitgemäßer Neuinterpretationen.

HOLLYWOOD UND DER MYTHOS VOM WILDEN WESTEN

Die erhabenen Tafelberge des Monument Valley. Die Gipfel der majestätischen Rocky Mountains. Schluchten, endlose Weiten und lebendige Städtchen mit Saloons und staubigen Straßen. All dies verbinden wir mit dem amerikanischen Südwesten, der auf diese Weise zu einem ultimativen Sehnsuchtsort geworden ist. Zu einem guten Teil verdanken wir diesen Mythos dem Fernsehen, wo es im Analogzeitalter kaum möglich war, dem Western zu entkommen. Serien wie »Bonanza« oder »Western von gestern« haben in Deutschland das Vorabendprogramm geprägt, als wäre die Cowboykultur auch für die hiesige Gesellschaft von tragender Bedeutung. Doch damit nicht genug: Später am Tag flimmerten bis weit in die 1980er-Jahre abendfüllende Spielfilme über den Bildschirm, die ebenfalls die Eroberung des »Wilden Westens« durch angloamerikanische Einwanderer zum Thema hatten. Heute ist das Genre weitgehend in den Archiven verschwunden. Für einen Nachruf allerdings ist es zu früh.

Der Western hat die Filmindustrie von Hollywood zu dem gemacht, was sie heute ist. Im Mittelpunkt steht oft ein Protagonist mit aufrechtem Charakter und vielleicht etwas naivem Gemüt, der aus unterschiedlichen Gründen an der Erschließung des amerikanischen Westens teilnimmt. Ein Goldrausch, der Bau einer Eisenbahnlinie oder die schlichte Suche nach Glück in unerschlossenen Landschaften sind mögliche Triebfedern für den Besuch der mythenumrankten »Frontier«, wie die Amerikaner die Zivilisationsgrenze genannt haben.

»Bonanza«-Fans werden die Landschaft westlich des Lake Tahoe wiedererkennen: Hier lag die Ponderosa-Ranch der Cartwrights

Unsterbliche Helden des Westens: Winnetou und Old Shatterhand, gespielt von Pierre Brice und Lex Barker, in der Kult gewordenen Karl-May-Verfilmung

COWBOY UND INDIANER, SHERIFF UND SCHURKE – UND EINE SCHÖNE LADY

Auf seinem Weg in Richtung Westen warten die immer gleichen Gefahren auf den Helden: Banditen, die unbarmherzige Hitze oder auch die regionale Fauna in Form von Giftschlangen oder Krustenechsen. Mit Tatendrang und Courage kommt der Protagonist seinem Ziel Schritt für Schritt näher.

Doch die inoffizielle Blaupause für das Drehbuch gibt noch weitere Handlungsstränge vor: etwa die amouröse Verwicklung mit einer jungen Dame – oder einen Bösewicht, der zugleich als Gegenspieler in Erscheinung tritt. Das ultimative dramaturgische Element aber bleibt die Konfrontation mit den indigenen Völkern Amerikas, die in den Filmen ebenso pauschal wie fälschlich als »Indianer« in Erscheinung treten.

Der Showdown ist oft blutig und über mehrere Konfrontationen verteilt, wobei die Siedler aufgrund ihrer technischen Überlegenheit das Schlachtfeld fast immer siegreich verlassen.

Talentierte Erzähler mussten erstaunlicherweise nicht einmal über Ortskenntnis verfügen, um erfolgreiche Geschichten zu schreiben. Bestes Beispiel sind die Ende des 19. Jahrhunderts entstandenen Romane von Karl May, der mit Winnetou und Old Shatterhand Charaktere für die Ewigkeit geschaffen hat, ohne den Westen der USA auch nur gesehen zu haben. Konsequenterweise wurden die Verfilmungen größtenteils in den Bergen Kroatiens gedreht.

KUNSTGENUSS

FILME FÜR DIE EWIGKEIT

Dies alles freilich bedeutet keineswegs, dass der Western ein minderwertiges Genre ist. Regisseure wie John Ford, Howard Hawks oder John Huston haben sehr kraftvolle Filme gedreht, deren Handlung sich erheblich vom gängigen Muster unterscheidet. Stoff für die cineastische Vorbereitung einer Reise durch den Südwesten ist also reichlich vorhanden. Zu den besten Filmen der ersten Generation von Western gehören »Red River« von Howard Hawks (1948), »High Noon« von Fred Zinnemann (»Zwölf Uhr mittags«, 1952) und »The Searchers« von John Ford (»Der Schwarze Falke«, 1956). Sergio Leone hat das Genre mit »The Good, the Bad and the Ugly« (»Zwei glorreiche Halunken«, 1966) und »Once upon a Time in the West« (»Spiel mir das Lied vom Tod«, 1968) auf eine neue Ebene mit abstrakteren Erzählelementen gehoben.

Pures Western-Feeling

Ebenso wie das Filmgenre konnte sich auch das typische Westernstädtchen ins 21. Jahrhundert retten. Wer sich einmal selbst wie ein Westernheld auf der Main Street fühlen will: Las Vegas, New Mexico (S. 128), oder Bisbee, Arizona (Foto unten u. S. 115), sind lebendige Orte, die bis heute gern als authentische Kulisse für Filmaufnahmen genutzt werden. Das gilt auch für das ebenfalls im Staate Arizona gelegene Tombstone (S. 115), wo Darsteller für zusätzliches Western-Flair sorgen.

DER WESTERN LEBT!

Auch damit aber ist die Vielfalt des Westerns keineswegs abgedeckt. John Huston und Humphrey Bogart haben mit »The Treasure of the Sierra Madre« (»Der Schatz der Sierra Madre«, 1948) bewiesen, dass das Genre auch außerhalb der USA funktioniert – in diesem Fall im angrenzenden Mexiko. Selbst im neuen Jahrtausend hat die Gattung noch nicht ausgedient. Das hat Ang Lee 2005 mit seinem Blockbuster »Brokeback Mountain« vor Augen geführt, in dessen dramaturgischem Zentrum – John Wayne, bitte weggucken! – die homoerotische Beziehung zwischen zwei Cowboys steht. Etwa zeitgleich ist die Fernsehserie »Deadwood« entstanden. Der finale Beweis, dass der Western auch als Serienformat moderner Prägung funktioniert.

KUNSTGENUSS

John Wayne

Kein Schauspieler hat das Image des Cowboys so sehr geprägt wie John Wayne (1907–1979). Der Sohn eines Apothekers kam in Iowa als Marion Mitchell Morrison zur Welt und übersiedelte bereits in jungen Jahren nach Kalifornien. Mit den Filmstudios von Hollywood kam er während seines Studiums zunächst ohne konkrete Absichten in Berührung. Bald aber etablierte sich der fast zwei Meter große Mann als Komparse und nahm schließlich kleine Rollen an. Als er sich 1930 mit dem Regisseur John Ford anfreundete, nahm eine ungemein erfolgreiche Partnerschaft ihren Lauf. Seinen großen Durchbruch erlebte Wayne 1939 mit Fords Film »The Stagecoach« (»Ringo«), in dem er sich mit einer Postkutsche in das Land der Apachen vorwagt. Als Kulisse dient das Monument Valley (S. 97) auf der Grenze von Utah zu Arizona. John Wayne wurde über Nacht zum Star, ein Status, den er mit Klassikern wie »Red River« (1948) oder »Rio Grande« (1950) zementierte. Während der ebenso entschlossen wie smart aussehende Schauspieler zur amerikanischen Ikone aufstieg, war Wayne als Privatperson höchst umstritten. Er trat als amerikanischer Patriot mit einem konservativen Wertekanon auf, was für sich allein nicht weiter verdächtig gewesen wäre. Doch Wayne unterstützte auch ultrarechte Gruppierungen und machte keinen Hehl daraus, dass er sowohl Afroamerikaner als auch die indigenen Völker Amerikas für minderwertig hielt. So hatte die Person Wayne mehr Gemeinsamkeiten mit dem »Indianerhasser«, den er in »Der Schwarze Falke« spielte, als den meisten Zeitgenossen geheuer war.

John Wayne 1956 in »Der schwarze Falke« (Originaltitel »The Searchers«) von John Ford. Der Film gilt als einer der besten Western aller Zeiten

DIE INDIGENEN VÖLKER AMERIKAS

Was vom »Indianer« übrigblieb

Die indigenen Völker Amerikas wurden durch die europäischen Eroberer und Siedler beinahe ausgerottet. Bis heute haben sie einen schweren Stand. Zwar werden ihre angestammten Territorien inzwischen vielerorts respektiert, doch das ändert wenig an der bitteren Armut. Viel schwerer aber wiegt der Verlust der eigenen Kultur und Identität.

DAS I-WORT GILT ALS RESPEKTLOS

Sowohl in den USA als auch in Deutschland ist bis heute viel von »Indianern« die Rede. Während der Eroberung und Erschließung Nordamerikas im 17. bis 19. Jahrhundert wurden die Ureinwohner des Kontinents ohne Rücksicht auf Verluste bekämpft, enteignet und getötet. Über den sogenannten »Trail of Tears« (Pfad der Tränen) wurden die im fruchtbaren Südosten der USA lebenden Völker noch zwischen 1831 und 1850 vollzählig in den Mittleren Westen vertrieben. Den Nachfahren der stark dezimierten Völker gestand man zwar später Reservate zu, doch die meisten leben bis heute in bitterer Armut. Nicht einmal eine korrekte Anrede konnte sich breitflächig durchsetzen, denn die Bezeichnung als »Indianer« bleibt natürlich sachlich falsch, da sie auf dem Irrglauben Christoph Kolumbus' beruht, eine neue Route nach Indien entdeckt zu haben. Auch ist das Wort nicht respektvoll, weil es als Oberbegriff alle noch so unterschiedlichen Gruppen in einen Topf wirft.

Auf dem Festival »Gallup Inter-Tribal Indian Ceremonial« (Anfang August in Gallup) zeigen indigene Gruppen beeindruckende traditionelle Tänze

DIE INDIGENEN VÖLKER AMERIKAS

Kritiker mögen diese Sichtweise als reflexhafte »politische Korrektheit« bezeichnen, die niemandem weiterhilft. Oder sie verweisen darauf, dass auch Mitglieder der Gruppen das Wort benutzen, zum Beispiel die American Indian Alaska Native Tourism Organization. Das mag stimmen, wer jedoch den direkten Dialog mit amerikanischen Indigenen sucht, hört in aller Regel, dass diese eine möglichst akkurate Ansprache zu schätzen wissen. Sie selbst sprechen von »the indigenous people of the Navajo tribe« (das indigene Volk des Navajo-Stammes) oder eben eines anderen Stammes. Auch »Native Americans«, »American Indians« oder »First Nations« sind eher akzeptabel als das schnöde I-Wort.

Traumfänger sind Kultobjekte der Native Americans. Übers Bett oder Tipi gehängt, sollen sie schlechte Träume auffangen und nur die schönen Träume durchlassen

NICHT JEDE GRUPPE HAT EIN RESERVAT

Spötter mögen einwenden, dass sich die Betroffenen von einer passenden Anrede nichts kaufen können. Genau darum aber geht es bei den stolzen Völkern nicht: Die meisten Native Americans würden am liebsten wie ihre Vorfahren von der Landwirtschaft, der Viehzucht und der Jagd auf ihrem angestammten Land leben. Stattdessen müssen sie mit insgesamt 326 Reservaten vorliebnehmen, die sich fast alle in abgelegenen Regionen westlich des Mississippi befinden und nur spärliche Einkommensquellen bieten.

Gemeinsam sind die Reservate ungefähr so groß wie der Bundesstaat Idaho oder wie 60 Prozent der Bundesrepublik Deutschland. Das größte Reservat gehört den Navajo im Grenzland von Utah und Arizona. Angesichts 567 offiziell anerkannter Stämme aber wird schnell eine Schieflage deutlich: Bei Weitem nicht jede indigene Gemeinschaft besitzt ein Refugium.

Wie der britische »Guardian« kürzlich berichtete, leben nicht zuletzt deswegen 78 Prozent der Mitglieder aller indigenen Völker in Städten, wo sie weiterhin Diskriminierung und Benachteiligung ausgesetzt sind. Während in den Ballungsräumen 10,4 Prozent aller weißen

DIE INDIGENEN VÖLKER AMERIKAS

Einwohner unterhalb der Armutsgrenze leben, sind es bei den amerikanischen Ureinwohnern 18,5 Prozent, von denen wiederum 24 Prozent als sehr arm gelten.

AUFSCHWUNG AM SPIELTISCH

Die Reservate unterscheiden sich substanziell von den Städten, auch weil hier andere Gesetze als im Rest des Landes gelten. Vor allem ist das Glücksspiel durch den Indian Gaming Regulatory Act von 1988 erlaubt. So hat die Geschichte die durchaus ironische Wendung genommen, dass die indigenen Völker, in deren traditioneller Kultur zwar Spiele und Wettkämpfe existieren, nicht aber Münzen und Banknoten, in weiten Teilen der USA ein Monopol auf Casinos haben. Die wichtigsten Ausnahmen sind Nevada, Louisiana, Atlantic City (New Jersey), Detroit (Michigan) sowie zahlreiche Boote, sogenannte Schiffscasinos.

Ausgerechnet das vorwiegend von Weißen praktizierte Glücksspiel an Automaten oder Roulettetischen wurde so zur wichtigsten Einnahmequelle vieler indigener Gruppen. Zuletzt haben 240 von ihnen rund 500 Casinos mit einem Umsatz von 30 Milliarden Dollar betrieben.

Zumindest bei Roulette und Co. auf der Gewinnerseite: Spielcasinos sind in den Reservaten eine wichtige Geldquelle

Einblicke in die Kultur der Ureinwohner

Als interessierter Reisender kann man sich auch auf passendere Weise mit verschiedenen Aspekten der Kulturen vertraut machen. Von den bewohnten Behausungen vergangener Tage ist das Pueblo in Taos (S. 126) am beeindruckendsten. Wer eine museale Aufarbeitung bevorzugt, findet in Santa Fe gleich drei Museen: das Wheelwright Museum of the American Indian, das Museum of Indian Arts & Culture (beide S. 122) und das interessante Museum of Contemporary Native Arts *(iaia.edu)*. Nicht weniger faszinierend ist das Heard Museum in Phoenix (S. 103).

Albuquerque (S. 131) ist unterdessen jedes Jahr im April mit dem »Gathering of the Nations« *(www.gatheringofnations. com)* Gastgeber des weltweit größten Zusammentreffens indigener amerikanischer Völker.

ERFOLGE IM TOURISMUS

Auch im Tourismus haben sich einige indigene Gemeinschaften mit Erfolg etabliert. So bieten die Navajo motorisierte Führungen durch das Kerngebiet ihres Reservats, das Monument Valley, an (S. 97). Dort haben sie ein Hotel *(monumentvalleyview.com)* errichtet, dessen Personal sie auch vollständig selbst stellen.

In eine ganz neue Dimension sind unterdessen vor einigen Jahren die Hualapei vorgestoßen: Das nur etwa 2400 Personen starke Volk ist von jeher am Grand Canyon beheimatet. Anfang des Jahrtausends hat eine Mehrheit entschieden, ihr Land der Allgemeinheit als Grand Canyon West (S. 89) zugänglich zu machen. Seitdem ist zwei Autostunden östlich von Las Vegas eine Art Themenpark für Massentouristen entstanden. Konservative Hualapei haben darin den Ausverkauf ihres heiligen Landes gewittert, während Pragmatiker die einzige Möglichkeit zur Bekämpfung von Arbeitslosigkeit, Alkoholismus und Armut sahen.

Unabhängig von der Bewertung ist das Land kaum noch wiederzuerkennen: Grand Canyon West ist eine gut geölte Maschine vor allem für Tagesgäste aus Las Vegas, die einmal im Leben wenigstens einen flüchtigen Blick auf die wundersame Schlucht werfen möchten. Zum Anwesen gehört mit dem Grand Canyon Skywalk auch eine kühne Konstruktion, die für Nervenkitzel sorgt. Wirklich merkwürdig aber ist ein stilisiertes Dorf, in dem die Kulturen der Cowboys und der indigenen Völker auf sehr banale Weise nachgestellt werden. Aber warum sollte das sonst ausschließlich anderen vorbehalten sein?

Der Weg zum Hualapei-Themenpark am Westrand des Grand Canyons führt durch spektakuläre Joshua-Tree-Wälder

SO FEIERT DER SÜDWESTEN

New England Patriots gegen Philadelphia Eagles beim Super Bowl im Februar 2018

Megaparty Superbowl

Eine landesweite Party sucht man in den USA, abgesehen von Halloween und dem Nationalfeiertag, vergeblich – gut also, dass es den Sport gibt: Beim Endspiel der National Football League ist überall Public Viewing und Feiern angesagt.

Mit dem Feiern ist das so eine Sache in den USA. Eine Art Karneval existiert mit dem »Mardi Gras« nur in und um New Orleans. Im Südwesten gibt es einige folkloristische Feste, die auf das Brauchtum verschiedener Einwanderergruppen zurückgehen, und andere kleine regionale Events. Bleibt noch der Nationalfeiertag am 4. Juli. Tatsächlich wird der »Fourth of July« oder »Independence Day« von der ganzen Nation gefeiert und geht immer mit großem Pathos einher: Nationalhymne, Militärparade, Veteranenehrung und so weiter. In Zeiten von »Make America great again« stößt das nicht nur bei vielen Besuchern auf Bedenken. Aber es gehören auch Musik, Feuerwerk, Barbecues und ähnliche Zutaten zum Unabhängigkeitstag, die den Durchschnittsamerikaner glücklich machen.

FOOTBALL-ENDSPIEL IN DER SPORTS BAR

Das Endspiel um die Meisterschaft der National Football League ist zumindest inoffiziell die wichtigste im Jahresturnus wiederkehrende Party des Landes. Zwar können dem eigentlichen Ereignis nur so viele Menschen beiwohnen, wie das Stadion des Gastgebers fasst. Dafür aber werden immer am ersten Sonntag im Februar alle Facetten des Wettkampfes landesweit im Fernsehen übertragen. Höhepunkt ist – abgesehen vom Spiel – die Halbzeitpause, die mit Kurzauftritten von Superstars wie Justin Timberlake (2018), Lady Gaga (2017), Coldplay und Beyoncé (2016) oder Katy Perry (2015) garniert ist. Die Werbeblocks in den Pausen der Halbzeitshow erzielen die höchsten Preise der gesamten Branche.

Im ganzen Land suchen die Amerikaner am Super Bowl Sunday eine landestypische Institution auf: die Sports Bar, eine Art Kneipe, deren Wände, Tresen und tragende Säulen oft bis auf den letzten freien Quadratzentimeter mit Flachbildschirmen bestückt sind. Bei Appetizern, Bier und Burgern folgen Fans und Sympathisanten dem Geschehen. Das Show-Programm und die allgemeine Feierstimmung garantieren, dass auch komplett Unbeteiligte ihren Spaß haben. Das bedeutet nicht, dass der Ausgang des Spiels egal wäre. Im Gegenteil, auch die Anhänger von Footballteams können ganz schön fanatisch sein. Anders als in Europa ist aber die menschliche Subspezies des Hooligans in den USA unbekannt – es besteht also kein Risiko, in einen sportbedingten Streit zu geraten.

Der glorreiche Sieger gewinnt die Vince Lombardi Trophäe

GASTGEBER IST OFT DER SÜDWESTEN

Weil der Winter Anfang Februar weite Teile der USA fest im Griff hat und eine wetterbedingte Absage des Superbowl allein schon aus finanziellen Gründen nicht in Frage kommt, ist die Anzahl potenzieller Austragungsorte relativ klein. Immer wieder fällt die Wahl auf Stadien in Florida oder den Südstaaten, doch auch der Großraum Phoenix in Arizona steht hoch im Kurs: Dreimal schon wurde das Endspiel in Tempe (1996) beziehungsweise Glendale (2008 und 2015) ausgetragen. Auch der nächste Termin für einen Showdown im Valley of the Sun steht bereits fest: Am 5. Februar 2023 wird der Sieger abermals im Stadion der University of Phoenix in Glendale ermittelt.

Die besten Adressen für Superbowl-Partys

Bevvy Old Town, *4420 N Saddlebag Trail, Scottsdale, bevvyoldtown.com*
Final Round Sports Bar & Grill, *5030 S. Mill Ave., Tempe, finalroundaz.com*
Atomic Liquors, *917 Fremont Street, Las Vegas, atomic.vegas*
Thirsty Lion Gastropub, *1605 Wynkoop Street, Denver,*
www.thirstyliongastropub.com

DER SÜDWESTEN GESTERN UND HEUTE

Von Land- und Schatzsuchern

Aus angloamerikanischer Perspektive ist die Geschichte des Südwestens jung und bewegt. Die Suche nach Glück führt zu rauschhaften Zuständen, die wiederum die Erschließung des Landes antreiben. Erst per Bahn, dann mit dem Automobil. Und schließlich gerät die Schönheit der Region immer mehr in den Fokus, und der Tourismus übernimmt eine entscheidende Rolle.

DIE ALLERERSTEN SIEDLER

Vor rund 25 000 Jahren haben Jäger und Sammler die Beringstraße überquert, um sich in Nordamerika niederzulassen. Doch es dauert bis gut 3000 v. Chr., bis die ersten Siedler im Südwesten auftauchen und von den Ureinwohnern des heutigen Mexikos eine primitive Form der Landwirtschaft erlernen. Zwischen 300 v. Chr. und 100 n. Chr. entstehen erste Siedlungen. Die nunmehr rasch wachsenden Völker machen große Entwicklungssprünge. Die Hohokam (etwa 300–1500, südl. Arizona), die Mogollon (200–1450, südl. New Mexico) und die Pueblo (ab 700, Utah, Colorado, New Mexico und westl. Arizona) gelten als Hochkulturen. Die Nachfahren der Pueblo leben noch heute in bis zu 1000 Jahre alten Bauten, unter anderem in Taos (S. 125). Bekannte Stämme wie die Navajo oder die Apachen haben sich erst in den Jahren zwischen 1000 und 1400 in ihren heutigen Lebensgebieten etabliert.

Um 1275
Die Mitglieder des Pueblo-Volkes verlassen die Felsenwohnungen im heutigen Nationalpark Mesa Verde (S. 146) aus unbekanntem Grund.

DER SÜDWESTEN GESTERN UND HEUTE

DER COLORADO-GOLDRAUSCH

Ein Land einzunehmen, es für den persönlichen Vorteil auszuplündern und jeden zu töten, der sich entgegenstellt: Das ist im Wertekanon unserer Zeit unvorstellbar. Im Amerika des 19. Jahrhunderts aber legitimiert die Suche nach Gold und anderen Edelmetallen scheinbar alles, und die Goldgräber nehmen dafür ein entbehrungsreiches und gefährliches Leben an oder jenseits der Zivilisationsgrenze, der »Frontier«, in Kauf. Erst sind es ergiebige Funde in Kalifornien, die zwischen 1848 und 1855 bis zu 300 000 Schatzsucher anziehen. Als die Quellen versiegt sind, rückt Colorado in den Mittelpunkt: In der Gegend rund um Pikes Peak (S. 143) werden 1858 große Goldvorkommen entdeckt. Die Nachricht spricht sich unter Abenteurern rasend schnell herum – bis 1865 werden rund 1,25 Millionen Unzen in Colorado verarbeitet. Diese Zeit ist zugleich die Geburtsstunde von Städten wie Boulder und Denver (S. 136). Die Hauptstadt Colorados erinnert bis zum heutigen Tag an die ebenso aufregenden wie lukrativen Zeiten: Die Kuppel des Kapitols ist in Erinnerung an den Rausch mit Blattgold überzogen.

1858
Die Abenteurer Green Russell und Sam Bates finden im Little Dry Creek, wo heute Denver liegt, 622 g Gold.

Reines Golderz, das in einer Mine in Colorado gefunden wurde

DIE EISENBAHN – NOCH EIN RAUSCH

In der zweiten Hälfte des 19. Jahrhunderts feiert die Eisenbahn einen nie dagewesenen Aufschwung. Präsident Abraham Lincoln erteilt der »Union Pacific Railroad« 1862 die Konzession zum Bau einer neuen Linie von Omaha, Nebraska, bis nach Sacramento im noch jungen Kalifornien. Weil enorme Profite winken, entbrennt zwischen den verschiedenen Betreibergesellschaften ein erbitterter Kampf um die beste Verbindung zwischen Ost und West. Die »Atchison, Topeka and Santa Fe Railway« (kurz: Santa Fe) verlegt Gleise von Kansas nach New Mexico. »Southern Pacific« strebt von El Paso, Texas, über Phoenix nach San Diego, Kalifornien. Und die »Denver and Rio Grande Railroad« baut Schmalspurbahnen quer durch die Rocky Mountains. Die Bedeutung der Bahn nimmt mit der Fertig-

Ab 1877
Die Rivalität zwischen den Eisenbahngesellschaften wird so groß, dass sie ihre Lokschuppen mithilfe von Revolverhelden verteidigen.

DER SÜDWESTEN GESTERN UND HEUTE

Das Logo der »Southern Pacific Railroad« ist eine Design-Ikone – am besten wirkt es auf einem stromlinienförmigen Zug

stellung der Route 66 langsam, aber sicher ab. Gleichwohl rollen bis heute Güterzüge von mehr als einem Kilometer Länge durch das Land. Auch der Passagierverkehr feiert ein leises Comeback. Neuerdings ist sogar Santa Fe ans Bahnnetz angeschlossen. Obwohl eine Bahngesellschaft deren Namen trug, sind im 19. Jahrhundert nie Gleise in die Hauptstadt New Mexicos verlegt worden – das Terrain war einfach zu schwierig.

DIE ROUTE 66 UND DER MYTHOS VOM FERNEN GLÜCK

Die Eisenbahn ist auch zu Beginn des 20. Jahrhunderts das mit Abstand wichtigste Verkehrsmittel in den USA. Daran vermag die rasch zunehmende Verbreitung bezahlbarer Automobile zunächst nur wenig zu ändern. 1926 aber nimmt die individuelle Mobilität von Ost nach West schlagartig zu: In diesem Jahr wird eine erste Rohversion der Route 66 fertiggestellt. Die neue Verkehrsachse verbindet Chicago mit Los Angeles: Die bis dato beschwerliche Reise wird zur Routine. Noch hat die künftige »Mother Road« nichts Mythisches oder gar Glamouröses. Vielmehr öffnet die neue Straße vielen Einwohnern von Texas, Oklahoma und Kansas die Tür zu einem besseren Leben. Die Menschen kämpfen seit Jahren mit Dürre und Staubstür-

Von der schnöden Straßenmarkierung zum Auslöser von Fernweh und Nostalgie: das Hinweisschild auf die Route 66

DER SÜDWESTEN GESTERN UND HEUTE

men, weshalb sie ihr Glück in Kalifornien, Oregon und Washington State suchen. John Steinbeck hat die Flucht aus der »Dust Bowl« (Staubschüssel) in seinem Roman *Früchte des Zorns* eindringlich beschrieben. Erst in den 40ern und 50ern beginnen die Amerikaner, das wahre Potenzial zu entdecken. Binnen weniger Jahre steigt die Route 66 zu Touristenattraktion auf. Eine neue Urlaubsform ist geboren: der Roadtrip.

Am Puls der Zeit

Das Comeback der Stadt

Eine friedliche Existenz in Suburbia erscheint den meisten Amerikanern in den letzten Jahrzehnten als die ideale Lebensform. Ein großes Haus in der Vorstadt mit Garten, Barbecue und gelegentlichen Ausflügen zum favorisierten Sportteam oder in die Shopping Mall – an diesem Entwurf gibt es lange Zeit wenig auszusetzen. Doch während der Verkehr auf dem Weg zum Arbeitsplatz immer weiter zunimmt und der Sprit immer teurer wird, wandelt sich auch der Zeitgeist: Die Alleinherrschaft von »Corporate America«, also der allgegenwärtigen Konzerne, ist fortschrittlichen Amerikanern ein Dorn im Auge. Sie wollen leben wie die Europäer: mit eigentümergeführten Cafés und Restaurants, mit einer Wohnung im Stadtzentrum, mit sozialen Kontakten, die über die Nachbarn hinausgehen, und vor allem ohne Auto. Was zu Beginn des Jahrtausends wie ein unbedeutender Trend erschien, ist mittlerweile zu einer Massenbewegung geworden.

Städte wie Denver, Boulder, Santa Fe oder Flagstaff sind mit der Wiederbelebung ihrer Innenstädte schon weit fortgeschritten, doch auch Flächenstädte mit absurden Ausmaßen wie Scottsdale, Phoenix oder Tucson haben erfolgreich fußgängerfreundliche Zonen geschaffen – zum Teil sogar mit Bahnanbindung. Das färbt ab: Sogar Kleinstädte wie Loveland (Colorado), Boulder City (Nevada) oder Moab (Utah) erfreuen sich eines lebendigen Kerns.

Der neue Trend im Südwesten: Flanieren im Zentrum – wie hier in Boulder City

1988
Der heutige Gouverneur John Hickenlooper eröffnet mit Partnern die Wynkoop-Brauerei in Downtown Denver – die Initialzündung für die Wiederbelebung der City.

ORTE, DIE GESCHICHTE SCHRIEBEN

Die Area 51: Aliens in Nevada

Lange Zeit konnte die Existenz der Militärbasis in Nevada geheim gehalten werden. Als schließlich ein Wissenschaftler auspackte, war die Aufregung groß.

AUSSERIRDISCHE AM WEGESRAND

Area 51 Alien Center, *2711 US-95, Amargosa Valley, NV 89020, immer geöffnet*

Wer Las Vegas in Richtung Nordwesten auf dem Highway 95 verlässt, gelangt schnell in eine ruhige Landschaft mit sanften Hügeln, karger Vegetation und geringem Verkehrsaufkommen. An der Kreuzung mit dem Highway 373 aber wird die meditative Fahrt jäh unterbrochen. »Area 51 Alien Center« steht in großen Lettern auf einem Flachbau, der sich erst auf den zweiten Blick als Tankstelle entpuppt – mit einem angeschlossenen Mini-Bordell im Hinterhof.

Im dazugehörigen Laden werden neben überteuertem Wasser – als Notvorrat für den Besuch des Death Valley – auch Außerirdische angeboten: als Aufkleber, Kühlschrankmagneten und Plastikfiguren. Skurrile Andenken an einen Ort, der seit Mai 1989 Historiker, Wissenschaftler und Verschwörungstheoretiker gleichermaßen beschäftigt.

GEOUTET: ULTRAGEHEIME MILITÄRBASIS

Seinerzeit hatte ein Physiker namens Robert Lazar in einem Interview mit einem Fernsehsender aus Las Vegas berichtet, dass in einem unbesiedelten Gebiet nordwestlich von Sin City eine geheime Militärbasis exis-

Hier gibt's Sprit, Wasser und Außerirdische

ORTE, DIE GESCHICHTE SCHRIEBEN

tiere, die er aufgrund seiner Tätigkeit sehr genau kenne. Das war an sich keine wirkliche Überraschung, hatten die Amerikaner doch auf einem ähnlich abgelegenen Areal in New Mexico (Los Alamos, S. 124) sogar die Entwicklung der Atombombe erfolgreich verheimlichen können.

Lazar allerdings wusste noch eins draufzusetzen: Auf dem Gelände würden neun verschiedene Raumfahrzeuge außerirdischen Ursprungs vor der Menschheit versteckt. Ihm selbst sei dort die Aufgabe zugekommen, die Antriebsform dieser Alienluftschiffe zu analysieren und eine Nachahmung zu konzipieren.

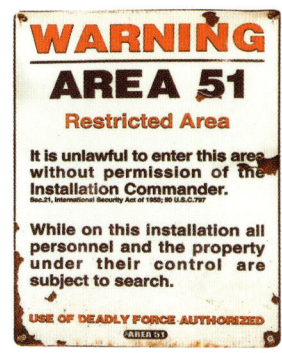

»Sperrgebiet. Das Betreten ohne Genehmigung ist gesetzwidrig.«

Der Aufruhr war nicht nur in den USA groß. Anfangs noch behauptete die US-Regierung, nichts von einer sogenannten Area 51 zu wissen, doch die Existenz der Geheimbasis konnte umgehend nachgewiesen werden. Fortan scharten sich Neugierige aus unterschiedlichen Motiven um die Militärbasis, die nun mit höheren Zäunen und drastischen Sicherheitsvorkehrungen vor Unbefugten geschützt werden musste. Deutlich länger dauerte es, bis Robert Lazar als wichtigtuerischer Lügner enttarnt wurde – zumindest von der Fraktion der Faktengläubigen.

UNBEKANNTE FLUGOBJEKTE UND WAFFENTESTS

Über die Jahre hat sich trotz Informationssperre herauskristallisiert, dass das amerikanische Militär in der Wüste Nevadas regelmäßig Geheimoperationen durchgeführt hat. Abseits der Zivilisation wurden moderne Waffen bis hin zu Atombomben getestet, deren Fallout gelegentlich auch Las Vegas erreicht haben soll. Weil aber in regelmäßigen Abständen unbekannte Flugobjekte gesichtet wurden, geben die Verschwörungstheoretiker bis heute keine Ruhe. Rationale Zeitgenossen verweisen freilich darauf, dass in der Area futuristische Flugzeuge entwickelt wurden, die mittlerweile Serienreife erreicht haben. Sachargumente aber konnten sich in solchen Fragen noch nie als wirksam erweisen. Sehr zur Freude der Betreiber des »Area 51 Alien Center« in der Nähe des Death Valley.

Abgesehen vom »Alien Center« ist die Area 51 auch heute nicht zugänglich. Als Sperrgebiet darf sie weder betreten noch befahren werden.

RV – Camping im US-Format

»RV«? Genau! Diese Abkürzung für das Recreational Vehicle ist seit einigen Jahren fest in den amerikanischen Sprachgebrauch übergegangen. Spätestens seit dem Erfolg der Serie »Breaking Bad« hat sich der Begriff auch im Rest der Welt durchgesetzt.

DAS WOHNMOBIL DER SUPERLATIVE

Tatsächlich ist der Urlaub im Recreational Vehicle (wörtlich: Erholungsfahrzeug) zu einer Massenbewegung geworden. Das Konzept ist ebenso einfach wie überzeugend: Man miete eine mobile Behausung mit Boxspringbetten, mindestens zwei Fernsehern sowie komplett eingerichteter Küche und bewege diese von der einen landschaftlichen Attraktion zur nächsten.

Einmal am Zielort angekommen, setzt eine Routine mit meist nur leichten Variationen ein: Stromkabel anschließen, die Extensions (im Stand ausfahrbare Erweiterungen des Innenraums) ausfahren, Campingstühle aufstellen und den Grill anwerfen. Nicht selten werden noch während des Essens erste Freundschaften geschlossen, die später bei Bier, Whiskey und Lagerfeuermusik vertieft werden. Unter dem Sternenhimmel schwärmt man dann von »America the Beautiful«, ehe rechtzeitig die Lichter ausgehen.

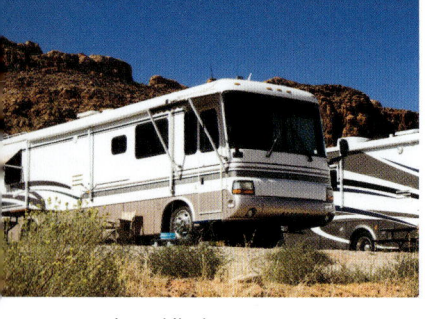

Wohnmobile der A-Klasse (Class A Motorhomes) sind bis zu 11 Meter lang und luxuriös ausgestattet

»MACH DICH AUF DEN WEG!«

Am nächsten Morgen entbrennt nicht selten ein kleiner Wettstreit: Jeder möchte als Erster auf den Wegen des Nationalparks unterwegs sein, um die noch frischen Spuren von Bären, Elchen oder Berglöwen aufzuspüren und für die Daheimgebliebenen fotografisch festzuhalten. Ist das Tagespensum an körperlichen Aktivitäten erfüllt, wiederholt sich – nach einer kleinen Pause – das Schauspiel vom Vortag. Oder aber es heißt aufs Neue: »Hit the road.«

Letzteres ist nicht ohne Tücken mit einem Vehikel von zehn Metern Länge: Auf vielen Interstates im Südwesten ist eine Höchstgeschwindigkeit von 75 Meilen erlaubt, was bei den manchmal recht mitgenommenen amerikanischen Straßen zu einem launischen Fahrverhalten des RVs führen kann. Auf Passstraßen sollten auch die Beifahrer gute Nerven haben, denn es kann vorkommen, dass sie plötzlich direkt über dem Abgrund sitzen. Niedrige Brücken und beengte Innenstädte sind zusätzliche Gefahrenherde.

Doch wie schwer wiegen diese Unannehmlichkeiten schon im Vergleich zu dem Gefühl von Freiheit? Nicht sonderlich, wenn man den Statistiken glaubt: Rund zehn Millionen amerikanische Haushalte besitzen gegenwärtig ein zweites Heim auf Rädern. Dabei haben die Verkaufszahlen 2017 zum ersten Mal die Schallmauer von 500 000 Neufahrzeugen durchbrochen, obwohl schon einfache Modelle zwischen 50 000 und 100 000 Dollar kosten – auf einer nach oben offenen Preisskala. Den hohen Anschaffungskosten freilich stehen vergleichsweise günstige Urlaube gegenüber.

Nur Zelten wäre näher an der Natur. Je kleiner übrigens das Wohnmobil, desto stressfreier lässt es sich manövrieren und über holprige Pisten und enge Passstraßen steuern

Ein Wohnmobil mieten

Der ADAC hält auf seiner Internetpräsenz alle wichtigen Informationen zur Anmietung von Wohnmobilen bereit *(adac.de/produkte/autovermietung/wohnmobile/usa.aspx)*. Für Mietangebote empfiehlt sich die Seite *adac.camperboerse.de*. Gute Verzeichnisse von Stellplätzen (den sogenannten RV-Parks) bieten *www.campendium.com* und *www.rvparkreviews.com* (beide auf Englisch).

ADAC TRAUMSTRASSE

Der ultimative Roadtrip durch ein magisches Land

Der Südwesten ist für einen Roadtrip wie gemacht: Die Straße führt mitten durch fantastische Landschaften, am Wegesrand warten Nationalparks in Hülle und Fülle ebenso wie typisch amerikanische Kuriositäten. Der Verkehr ist moderat und das Fahren wegen der strengen Tempolimits eher entspannt, sodass auch der Fahrer die Aussicht genießen kann. Der Routenvorschlag ist in sechs Tagen gut zu bewältigen, besser aber sind einige Tage Spielraum, um mehr Zeit für die Highlights zu haben.

Die Tour auf einen Blick:

Start und Ziel: Las Vegas
Gesamtlänge: 2500 Kilometer
Reine Fahrtzeit: 30,5 Stunden (Wochentour)
Orte entlang der Route: Route 66, Grand Canyon, Flagstaff, Monument Valley, Mesa Verde, Rocky Mountains, Colorado National Monument, Arches National Park, Bryce Canyon National Park, Las Vegas

Seligman ist das Zentrum der Route-66-Nostalgie und bietet einige Fundgruben für Fans

E1 VON LAS VEGAS BIS WILLIAMS, AZ
(380 km/5 Std.)

Wir folgen nostalgischen Pfaden: Von Sin City aus geht es quer durch die Wüste zur alten Route 66 bis Seligman und Williams, Hochburgen der Biker-Romantik.

Raus aus Las Vegas. Das ist nach der Reizüberflutung von Sin City ein angenehmer Gedanke. Nach den scheinbar endlosen Suburbs markiert der Hoover Dam (S. 83) eine saubere Trennlinie. Bald beginnt die Wüste, wo vereinzelte Joshua Trees das Auge erfreuen. Nennenswerte Orte passieren Sie bis Kingman nicht. Das Wüstenstädtchen ist ein typischer Truckstop auf dem Weg von und nach Kalifornien: riesige Lkw-Parkplätze, billige Motels – und ein erster Berührungspunkt mit der alten Route 66 (S. 91), die bis Flagstaff weitgehend erhalten ist. Nostalgisches Flair ist bei Mr. D's Route 66 Diner *(www.mrdzrt66diner.com)* im Preis inbegriffen.

ADAC TRAUMSTRASSE

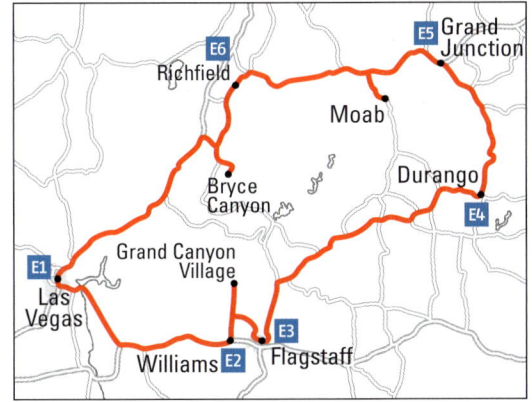

ADAC Traumstraße: Etappen 1 bis 6 (Detailplan siehe Rückseite Faltkarte)

Bald nun trennt sich die »Mother Road« vom funktionalistischen Interstate Highway, was bedeutet: Die Relikte aus der Gründerzeit des motorisierten Tourismus nehmen rapide zu. Verrostete Cadillacs, General Stores und einfache Holzhäuser in charakteristischer A-Form wecken nostalgische Gefühle.

Höhepunkt der Etappe ist Seligman (S. 91), wo Angel Degadillo 1987 der Wiederbelebung der Route 66 als Touristenattraktion einen entscheidenden Impuls gegeben hat. Heute ist der Ort eine Art Freilichtmuseum für Amerikana: alte Tankstellen, Automobilklassiker, Neonschilder und andere US-Nostalgie-Ikonen. Ganz ähnlich gibt sich auch das Etappenziel Williams (S. 90), mit dem kleinen Unterschied, dass hier alles etwas sauberer und aufgeräumter wirkt. Das Einfallstor zum Grand Canyon ist proper und gut gepflegt. Für eine stilvolle Übernachtung bietet sich das Red Garter Inn *(www.redgarter.com)* an, ein ehemaliges Bordell.

Abstecher
Südöstlich von Las Vegas liegt der Hoover Dam, ein beeindruckendes Bauwerk mit gutem Dokumentationszentrum. Das Städtchen Boulder City ist ein hübscher Ort für einen Snack (S. 82).

E2 VON WILLIAMS BIS FLAGSTAFF
(220 km/2,5 Std.)

Heute bleibt genug Zeit für eine Begegnung mit dem Grand Canyon und seiner erhabenen Weite. Zum Übernachten bietet sich das hübsche Flagstaff an.

Abschied von der 66: Der Weg führt nordwärts direkt zum South Rim des Grand Canyon (S. 89). Die Landschaft ist ebenso abwechslungsreich wie bewaldet – nichts deutet unterwegs darauf hin, dass das Plateau

ADAC TRAUMSTRASSE

Spröde und karg ist die Landschaft auf dem Weg von Las Vegas zum Grand Canyon zunächst. Bald aber sorgen Wälder aus Joshua Trees für Abwechslung – eine gebührende Vorbereitung auf die Schlucht der Schluchten

von der monumentalen Schlucht durchbrochen wird. Das ändert sich in Grand Canyon Village (S. 89) schlagartig. Ziehen Sie die Wanderschuhe an oder mieten Sie sich ein Fahrrad, um den allergrößten Touristenströmen aus dem Weg zu gehen! Anschließend suchen Sie sich einen Ort, wo Sie die Weite auf sich wirken lassen. Wer mit einem Abstieg liebäugelt: Die Wanderung in den Canyon ist atemberaubend, doch die Strapazen sind erheblich. Proviant gibt es bei Bright Angel Bicycles im Grand Canyon Village *(bikegrandcanyon.com)*.

Bei der Weiterfahrt in Richtung Flagstaff zieht der über 3800 Meter hohe Humphreys Peaks alle Blicke auf sich. Das Etappenziel Flagstaff (S. 94) gehört zur Elite der amerikanischen Musterstädte: Alles ist »walkable«, wobei Brauereien, Cafés und kleine Restaurants für eine hohe Aufenthaltsqualität bürgen. Unverkennbar der Sound der Stadt: Mitten durchs Zentrum rauschen kilometerlange Güterzüge. Übernachten können Sie zum Beispiel im freundlichen Inn at 410 *(www.inn410.com)*.

Abstecher
Der Highway 89A führt von Flagstaff auf kurvenreicher Strecke rund 50 km südlich nach Sedona (S. 93), wo die Red Rocks im Sonnenlicht leuchten.

E3 VON FLAGSTAFF BIS DURANGO
(560 km/6 Std.)

Traumhafte Aussichten: Die Straße führt mitten durch einen Mythos, das magische Monument Valley, und weiter bis in die Ausläufer der Rocky Mountains.

Der Südwesten ist voller mythischer Landschaften. Das ist auch bei dieser Etappe offensichtlich. Wenn Sie aus dem Hochland Arizonas langsam in Richtung Nordosten fahren, nähern Sie sich der nächsten amerikanischen Ikone: dem Monument Valley (S. 97). Fahren Sie auf dem Highway 160 bis nach Kayenta, wo Sie auf der 163 nach Nordosten in Richtung Mexican Hat abbiegen. Bald erreichen Sie die legendenumwobene Landschaft, in der das Licht immer neue farbliche Akzente setzt. Die Tafelberge ragen wie in einer überdimensionalen Installation aus der Landschaft, eine Szenerie, die aus ach so vielen Western bekannt ist. Die ursprünglichen Einwohner dieser Region, die Navajos, bieten geführte Touren an *(navajoguidedtours.com)* und einfache Speisen mit toller Aussicht *(monumentvalleyview.com)*. Am Abend erreichen Sie das charmante Westernstädtchen Durango (S. 147) und damit Colorado. Wie wär's mit einer Nacht im viktorianischen Ambiente des Strater Hotels *(strater.com)*?

Abstecher
Lohnender Zusatztag: Nehmen Sie die »Durango & Silverton Narrow Gauge Railroad« für einen nostalgischen Trip in die Berge nach Silverton (S. 147).

E4 VON DURANGO BIS GRAND JUNCTION
(270 km/4,5 Std.)

Ab in die Berge: Über eine spektakuläre Passstraße, den Million Dollar Highway, geht es durch die Rockies zum Colorado National Monument.

Das Strater Hotel ist einer der vielen schönen Altbauten in Durango

Nach den vielen Highlights glauben Sie, schon alles gesehen zu haben? Falsch! Nun führt der Weg direkt in die Rocky Mountains (S. 149). Fahren Sie in Richtung Norden nach Ouray, um eine der abenteuerlichsten Passstraßen des Landes zu entdecken: den Million Dollar Highway (S. 146). In steilen Serpentinen windet sich die Straße durch imposante Landschaften den Berg hinauf. Ein gewisses fahrerisches Geschick ist unverzichtbar: Weil im Winter der Schnee beiseite geräumt werden muss, hat man hier keine Leitplanken anbringen können. Vor allem mit dem Wohnmobil kann dieser Umstand zu vereinzelten Adrenalinstößen führen. Als Entschädigung aber warten

Ein Höhepunkt des Roadtrips: ab Ouray auf dem Million Dollar Highway mitten in die Rocky Mountains hinein

Abstecher
Kurz vor Montrose geht es rechts ab in Richtung Black Canyon of the Gunnison (S. 148), einen Nationalpark mit spektakulärer Schlucht.

unzählige lohnende Fotostopps – vor allem im Herbst sind die Farbstimmungen magisch.

Ouray (S. 147) ist ein recht verträumtes Bergdorf amerikanischer Prägung. In der örtlichen Brauerei gibt es Salate und Burger *(www.ouraybrewery.com)*. Das nächste Skigebiet und damit auch Bergbahnen sind in sicherer Entfernung. Dafür laden heiße Quellen *(www.ourayhotsprings.com)* zum entspannten Baden ein. Nachdem Sie das Städtchen Montrose passiert haben, steuern Sie auf Grand Junction am Fuße des Colorado National Monument zu. Das Hampton Inn *(hamptoninn3.hilton.com)* an der hübschen Main Street bietet sich für die Nacht an.

E5 VON GRAND JUNCTION BIS RICHFIELD
(490 km/6 Std.)

Vom Colorado National Monument aus geht es weiter in den Arches Nationalpark zu seinen Sandsteinwundern, mit Stopp im angesagten Outdoor-Städtchen Moab.

Die Straße führt mitten durchs Colorado National Monument. Aussteigen lohnt sich aber!

Am nächsten Morgen sollten Sie einen ganz frühen Aufbruch in Erwägung ziehen. Der Sonnenaufgang am Colorado National Monument (S. 148) ist es wert. Von hier oben reicht der Blick bis weit in die Ferne des Flusstals. Hier ist der Übergang der Landschaft vom Gebirge zum Hochplateau mit bloßem Auge zu erkennen. Überall duftet es würzig nach Wacholder und Pinyon-Kiefern. Herrlich! Nach der intensiven Begegnung mit der Natur führt der Weg gen Westen in Richtung Utah. Wieder reihen sich die Nationalparks aneinander. Erstes Ziel ist der Arches National Park (S. 162), wo faszinierend filigrane Bögen aus buntem Sandstein Zweifel daran aufkommen lassen, ob das alles überhaupt real ist. Um wieder ein bisschen runterzukommen, legen Sie anschließend ein Päuschen in Moab (S. 164) ein. Der Ort hat sich zu einem Drehkreuz für Outdoor-Touristen entwickelt – mit netten Cafés (Moab Garage Co., 78 N. Main St.) und guten Restaurants (Moab Diner, *www.moabdiner.com*).

Wer den Trip binnen sechs Tagen machen möchte, sollte bis nach Richfield oder zu einem anderen typisch amerikanischen Truckstop weiterfahren, wo die Domizile zudem deutlich günstiger sind. Empfehlenswerte Hotels sind zum Beispiel in Moab das Springhill Suites direkt am Colorado River *(www.marriott.com)* und in Richfield das Holiday Inn Express & Suites *(www.ihg.com)*.

E6 VON RICHFIELD BIS LAS VEGAS
(580 km/6,5 Std.)

Wie eine Fata Morgana taucht der Bryce Canyon auf. Und dann geht es aus der Wunderwelt der Nationalparks zurück ins schillernde Las Vegas.

Abstecher
Der Canyonlands National Park (S. 165) südwestl. von Moab ist teilweise mit dem Auto zugänglich. Beliebtestes Ziel: das Hochplateau Island in the Sky.

Die Natur hat ihre Reize immer noch nicht ausgespielt. Im Südwesten Utahs wartet mit dem Bryce Canyon (S. 158) einer der bekanntesten und meistbesuchten Nationalparks der USA. Es ist ein unwirklich erscheinendes Ensemble aus Felsnadeln und natürlichen Amphitheatern, das über die mit vielen Aussichtspunkten gespickte Rim Road leicht zu erkunden ist. In der Hochsaison müssen Sie hierzu in einen Ausflugsbus steigen, was nach all der Fahrerei nicht das Schlechteste ist. Für ein festliches Abschiedsmahl empfiehlt sich der Stone Hearth Grille *(www.stonehearthgrille.com)* mit ambitionierter amerikanischer Küche und tollen Ausblicken auf den Bryce Canyon.

Die Rückkehr nach Las Vegas (S. 66) ist der wohl grellstmögliche Kontrast zu den schwelgerischen Naturerlebnissen. Aber auch das gehört zu den Reizen eines Roadtrips durch den Südwesten.

Farbenfroh, fantastisch und fabelhaft: Willkommen zurück in Sin City!

Unterwegs

Die fünf Bundesstaaten im Südwesten der USA warten mit beeindruckenden Naturphänomenen auf, darunter die tiefe Schlucht des Grand Canyon, die der Colorado River gegraben hat

Das will ich erleben

Spektakuläre Schluchten, formschöne Berge, bizarre Felsformationen und mächtige Wüsten. All dies finden Besucher in den Nationalparks des Südwestens der USA. Viele von ihnen sind über einzigartige Panoramastraßen erreichbar. Die überraschend vielseitige Kultur, aufregende Städte und eine hinreißend schöne und interessante Vegetation sind weitere Anreize für eine Reise in diesen Teil der Vereinigten Staaten. Bleiben noch die neuamerikanische Esskultur, eine Biervielfalt, die sich hinter dem deutschen Vorbild nicht verstecken muss, und natürlich endlose Shopping-Möglichkeiten.

Western von gestern

Vor nicht allzu langer Zeit galt der Südwesten der USA noch als das Land von raubeinigen Abenteurern, hoffnungsvollen Entdeckern und beherzten Draufgängern. Einige Orte erinnern auch heute noch auf authentische Weise an die wilden Zeiten und Menschen zum Ende des 19. Jh. mit traditionellen Saloons und Inszenierungen des Lebens zur damaligen Zeit.

- **4 Virginia City, Nevada** 78
  Verschrobene Westernstadt mit Saloons
- **12 Jerome, Arizona** 92
  Schroffes Goldgräberdorf in bergiger Umgebung
- **24 Tombstone, Arizona** 115
  Wildwest-Dorf mit sympathischen Inszenierungen

Metropolen von heute

Der Südwesten der USA ist mit spektakulären Landschaften überaus reich gesegnet. Aber auch die überraschend unterschiedlichen Städte in den fünf Bundesstaaten haben sich dank ihrer Historie und eines ureigenen Flairs zu interessanten Touristenattraktionen gemausert. Einige der Innenstädte eignen sich auch ohne Mietwagen zur Erkundung.

- **1 Las Vegas, Nevada** 66
  Die Metropole funktioniert auch ohne Glücksspiel
- **19 Scottsdale, Arizona** 106
  Glamour, Luxus und Kakteen prägen die Metropole
- **32 Denver, Colorado** 136
  Lebendige Viertel machen Denver zur Premiumadresse

ADAC Quickfinder

Einzigartige Straßen

Ein Roadtrip ist ohne denkwürdige Straßen nicht vorstellbar. Gut, dass im Südwesten unvergessliche Fahrerlebnisse keine Seltenheit sind. Die Bandbreite erstreckt sich von historischen Routen bis zu abenteuerlichen Passstraßen.

6 Loneliest Highway, Nevada 81
Einsame Straße mit skurrilen Fotomotiven

11 Route 66, Arizona 91
Die Mutter aller Straßen in den USA

33 Pikes Peak, Colorado 143
Atemberaubende Route auf einen hohen Berg

37 Million Dollar Highway, Colorado 146
Diese Passstraße ist nichts für schwache Nerven

Spaß für Kinder

Nationalparks, Städte und Panoramastraßen sind schön und gut. Doch die kinderfreundlichen USA tragen auch Sorge, dass Kinder jeden Alters auf ihre Kosten kommen.

1 Downtown Container Park, Las Vegas 71
Rückzugsort mit Spielplätzen fernab der Straße

5 The Discovery, Reno 81
Wissenschaft und Technik speziell für Kinder

10 Grand Canyon Railway 90
Nostalgische Eisenbahn

23 Old Tucson, Arizona 115
Unterhaltsame Westernstadt mit schönen Kulissen

Shop till you drop

Einkaufen gehört zu den Lieblingsbeschäftigungen von USA-Reisenden. Vor allem Textilien, Schuhe und Outdoor-Bedarf sind tatsächlich preiswert. Entsprechend vielseitig ist das Angebot. Achten Sie auf die Einhaltung des vom Zoll zugelassenen Warenwerts, die Freimenge beträgt 430 Euro.

1 My Town Square, Las Vegas 70
Shoppingmall inmitten von Kunstwelten

19 Fashion Square, Scottsdale 109
Luxusmarken im größten Einkaufszentrum Arizonas

32 Cherry Creek, Denver 141
Mode und Restaurants in einer Einkaufsstadt

Das will ich erleben

Reiche Geschichte

Der Westen der USA ist ein kulturloser Landstrich? Von wegen: Lange vor den angloamerikanischen Siedlern haben Spanier und die indigenen Völker das Land geprägt.

- **27 Taos Pueblo, Taos** 126
  Beeindruckende Behausung des Pueblos-Volks
- **31 New Mexico Museum of Natural History and Science, Albuquerque** 132
  Sammlung rekonstruierter Dinosaurierskelette
- **36 Mesa Verde National Park** 146
  Die Felsenwohnungen gehören zum Weltkulturerbe
- **47 Moab Giants, Moab** 156
  Prähistorische Wesen multimedial zum Leben erweckt

Einzigartige Vegetation

Die Pflanzenwelt des Südwestens ist schlichtweg atemberaubend. Alle Regionen sind die Heimat einzigartiger Bäume, Kakteen oder Blumen.

- **3 Ponderosa Pines, Lake Tahoe** 77
  Der duftende Nadelbaum wächst am Lake Tahoe
- **7 Bristlecone Pines, Great Basin NP** 82
  Die uralten Bäume gedeihen im Great Basin NP
- **10 Joshua Trees, Grand Canyon** 89
  Wälder auf dem Weg zum Grand Canyon West
- **22 Saguaro-Kakteen, Saguaro NP** 112
  Arizonas Wahrzeichen ist ein Nationalpark gewidmet

Unvergessliche Erlebnisse

Die abgeschiedenen Landschaften und die einzigartigen Naturparks laden zu Erkundungen ein, die kein Urlauber so schnell vergessen wird.

- **10 Rundflug über den Grand Canyon** 90
  Atemberaubender Trip im Kleinflugzeug
- **13 Jeep Tour in Sedona** 94
  Erkundung der Red Rocks in auffälligen Automobilen
- **34 Wanderung in den Great Sand Dunes** 144
  Die höchsten Dünen der USA im Mondlicht erkunden
- **37 Durango & Silverton Narrow Gauge Railroad** 147
  Nostalgische Eisenbahn in die Höhenlagen der Rockies

ADAC Quickfinder

Gute Gerstensäfte
Viel zu lange galten die USA als Entwicklungsland in Sachen Bierkultur. Das hat sich gründlich gewandelt: Fast jedes Dorf besitzt heute eine eigene Brauerei. Nachdem der IPA-Trend abebbt, ist Kölsch nun der letzte Schrei.

14 **Mother Road Brewing Co., Flagstaff** 95
Gutes Craft Beer mit Biergarten an der Route 66

25 **Second Street Brewery, Santa Fe** 123
Rustikales Brauhaus mit Lagerhallencharme

32 **Wynkoop Brewery, Denver** 139
Mit diesem Lokal begann der Aufstieg zur Bierstadt

41 **Mountain Sun Pub & Brewery, Boulder** 151
Alt und Kölsch am Fuß der Rocky Mountains

Einmalige Aussichten
Wer gern tief hinabblickt, kommt zwischen Denver und Las Vegas in den Genuss unterschiedlichster Aussichten, die alle auf ihre Weise von einmaliger Schönheit sind.

1 **Stratosphere Tower, Las Vegas** 68
Toller Ausblick auf die bunten Lichter von Las Vegas

3 **Diamond Peak, Lake Tahoe** 77
Pinien, Schnee und der See als Gesamtkunstwerk

10 **Grand Canyon South Rim** 89
Hier ist der Blick in die Schlucht konkurrenzlos

42 **Angels Landing Trail, Zion NP** 157
Der Blick von einem Felsen ist Lohn für die Wanderung

Wegweisende Kunst
In einer Region mit vergleichsweise kurzer Siedlungsgeschichte ist die Präsenz von Hochkultur keine Selbstverständlichkeit. Doch an hochwertigen Museen, lebendigen Galerien und einzigartigen Bauwerken besteht im Südwesten kein Mangel.

32 **Denver Art Museum, Denver** 139
Spitzenmuseum mit Anbau von Daniel Libeskind

19 **Taliesin West, Scottsdale** 107
Die Architekturikone war Sitz von Frank Lloyd Wright

25 **Canyon Road, Santa Fe** 122
Einzigartige Straße mit mehr als 100 Galerien

Las Vegas und Nevada

Im Schatten der Spielermetropole breitet sich ein Stück Amerika aus, das mit Natur und dem Lebensgefühl vergangener Zeiten begeistert

Die glitzernde Wüstenmetropole Las Vegas hat Nevada ein Gesicht gegeben. Mit ihrem überwältigenden Angebot an Casinohotels, Shows, Restaurants und Läden übt die Stadt eine Faszination auf Besucher aus aller Welt aus. Die immer noch wachsende Strahlkraft von Sin City hat aber auch zur Folge, dass der Rest Nevadas gern übersehen wird. Der Bundesstaat ist fast so groß wie Deutschland und ist sehr vielseitig – die Bandbreite reicht vom monumentalen Death Valley bis zu 4000 m hohen Bergen. Der hinreißend schöne Lake Tahoe mit seinen Skigebieten und Westernstädtchen wie Virginia City setzen weitere Akzente. Nicht zuletzt aber steht Nevada auch für eine Weite, die in Europa unbekannt ist. Bestes Beispiel ist der Highway 50. Während Las Vegas das gesamte Jahr über seine Reize hat, sind die Monate April, Mai, September und Oktober wegen der gemäßigten Temperaturen die beste Reisezeit für einen Roadtrip.

In diesem Kapitel:

1. Las Vegas 66
2. Death Valley National Park 75
3. Lake Tahoe 77
4. Virginia City 78
5. Reno 79
6. Loneliest Highway 81
7. Great Basin National Park 82
8. Boulder City 82
9. Hoover Dam und Lake Mead 83

Übernachten 84

ADAC Top Tipps:

Las Vegas
| Stadt |
Die glitzernde Wüstenstadt ist mit der Erzeugung von Illusionen und grenzenlosen Unterhaltungsmöglichkeiten so erfolgreich wie nie zuvor. Auch Naturen, die dem Glücksspiel nicht zugeneigt sind, können hier viel entdecken. 66

Lake Tahoe
| See |
Eine Gebirgslandschaft und Gelbkiefernwälder umrahmen den am Rand der Sierra Nevada gelegenen See. Er ist für seine Strände und Skigebiete gleichermaßen bekannt und überaus beliebt. 77

ADAC Empfehlungen:

 Arts District, Las Vegas
| Stadtviertel |
Las Vegas verändert sich: In sicherer Distanz zu den Casinohotels entwickelt sich eine Alternative mit coolen Bars, Cafés und Läden. 69

 Ash Meadows National Wildlife Refuge
| Naturschutzgebiet |

Die Oase beherbergt sensible Gewässer. Obwohl das Naturschutzgebiet bereits zum Death Valley gehört, ist es nahezu unbekannt. 76

 Goldfield, Death Valley
| Geisterstadt |
Nachdem die Boomtown schon fast verlassen war, erlebt sie nun einen zweiten Frühling. 76

 Diamond Peak Ski Resort
| Skigebiet |
Die Abfahrten in dem überschaubaren Skigebiet gestatten atemberaubende Aussichten auf den Lake Tahoe und die Sierra Nevada. 77

 Red Dog Saloon, Virginia City
| Bar |
In dieser Bar kultivieren die Einwohner von Virginia City den Mythos des Wilden Westens. 78

 National Automobile Museum, Reno
| Museum |
Die Sammlung des Hotelmoguls William F. Harrah begeistert mit über 200 klassischen und antiken Automobilen. 80

Las Vegas
Welthauptstadt des Entertainments

Blick auf den Strip mit dem See des Bellagio und dem Eiffelturm des Paris Las Vegas

Information

- Visitor Information Center, 3150 Paradise Rd, Las Vegas, NV 89109, www.visitlasvegas.com, Tel. 877 847 48 58, Mo–Fr 8–17.30 Uhr
- Parken: siehe S. 70

 Die aufregende Wüstenmetropole erfindet sich neu

Las Vegas ist eine Grenzerfahrung. Vom Sündenpfuhl amerikanischer Pioniere hat die Wüstenstadt binnen weniger Jahrzehnten den erstaunlichen Wandel zur unumstrittenen Kapitale des Vergnügens geschafft. Mit einem unermüdlichen Drang zur Selbsterneuerung und einem gehörigen Geltungsbedürfnis ausgestattet, präsentiert die Stadt in schneller Taktung immer neue Attraktionen. Die meisten stehen am South Las Vegas Boulevard, dem sogenannten Strip. Hier errichten die großen Hotelkonzerne klischeehaft verkürzte Kopien beliebter Städte wie Paris, Venedig und New York oder Parallelwelten, die den Fokus auf ein Thema wie Südostasien oder Ägypten werfen. Noch befinden sich in den erstaunlich großen Bauten riesige Flächen für Spielautomaten und andere Formen des Glücksspiels. Doch immer mehr Besucher lassen sich lieber von den Konsumangeboten verführen: Alle Casinohotels beherbergen glitzern-

Strip | **Las Vegas**

Plan
S.69 und S.72

Nähe lockt neuerdings auch der Arts District zum Besuch, wo sich die kommerzorientierte Spielerstadt von ihrer menschlichsten Seite zeigt.

Strip

Glitzerndes Paralleluniversum aus Hotels und Casinos

Im engeren Sinne beginnt der Strip im Süden an jenem rautenförmigen Schild, das Besucher mit dem selfiefreundlichen Schriftzug »Fabulous Las Vegas« willkommen heißt. Der dicht bebaute Teil des Boulevards zieht sich über gut zehn Kilometer bis zum Stratosphere Tower. Dabei wird er von nicht weniger als 24 der 50 weltweit größten Hotels flankiert, die sich mit Casinos, Shows und Läden zu überbieten versuchen. Neuerdings liegt der Schwerpunkt verstärkt auf Architektur, Design, Restaurants und Badelandschaften. Trotz erheblicher Distanzen lässt sich der Strip zu Fuß erkunden – die Monorail und andere Bahnen beschleunigen den Transport.

de Shoppingmalls und eine wachsende Anzahl guter bis sehr guter Restaurants. Die Shows von etablierten Größen aus Rock und Pop, der Elite global agierender Entertainment-Ensembles und neuerdings auch Profisport bürgen für einen mit Höhepunkten gespickten Tag. Die Zeiten, als Las Vegas als Billigdestination galt, sind unterdessen vorbei: Während Hotelzimmer, Kulinarik und Shows mittlerweile als hochpreisig gelten dürfen, sind die am Strip angebotenen Konsumgüter schlicht und ergreifend teuer. Die Freude der globalen Kundschaft scheint das nicht zu mindern. Preiswerter sind Randlagen wie das altehrwürdige Downtown. Ganz in der

 Sehenswert

 Aria
| Casinohotel |
Der elegant geschwungene Palast aus Glas und Stahl präsentiert sich mit viel Design als zeitgenössische Variante des Erlebniscasinos und kommt dabei ohne themenparkartige Motive aus. Cineasten kennen das Haus als Schauplatz des Films »Last Vegas« (2013).
■ 3730 S Las Vegas Blvd, Tel. 702 590 71 11, www.aria.com

Las Vegas

ADAC Spartipp

Las Vegas Explorer Pass und Mile High Culture Pass Denver
Wer Attraktionen abklappern will, kann in Las Vegas zum Explorer Pass greifen, der zum Besuch von 34 Sehenswürdigkeiten und Events berechtigt. Der All-inclusive-Pass kostet 134 Dollar (2 Tage), ein Kontingent von drei Sehenswürdigkeiten 80 Dollar (7 Tage/140 $). In Denver (S. 136) gibt es den »Mile High Culture Pass«, der nach einem ähnlichen Prinzip funktioniert (ab 32,50 $).
www.smartdestinations.com, culturepass.denver.org

❷ Bellagio
| Casinohotel |

Das Bellagio unterscheidet sich von allen anderen Casinos, da es nicht in erster Instanz zum Betreten der Innenräume animiert. Mit einem großflächigen See, dessen Ufer an den Strip grenzt, lädt es vielmehr zum Verweilen unter freiem Himmel ein. Das Gesamtensemble ist dem gleichnamigen Dorf am Comer See nachempfunden.
■ 3600 S Las Vegas Blvd, Tel. 702 693 71 11, www.bellagio.com

❸ Paris Las Vegas
| Casinohotel |

Mit einem Eiffelturm im Maßstab 1:2, dem Arc de Triomphe und der typischen Bildersprache der französischen Kapitale kommt Nevadas Antwort auf Paris durchaus gelungen daher. Die Aussichtsplattform befindet sich auf 140 m Höhe.
■ 3655 S Las Vegas Blvd, Tel. 877 796 20 96, www.caesars.com/paris-las-vegas

❹ Caesars Palace
| Casinohotel |

Im Jahr 1966 eröffnet, gehört das Caesars Palace bis heute zu den Ikonen von Las Vegas. Der Bau vereint Elemente eines antiken römischen Palastes mit dem Nachbau des Trevi-Brunnens und anderen Attraktionen der italienischen Hauptstadt. Die Einkaufspassage wird von einem stilisierten blauen Himmel mit virtuellen Wolken überdeckt.
■ 3570 S Las Vegas Blvd, Tel. 866 227 59 38, www.caesars.com

❺ The Venetian
| Casinohotel |

Vom Dogenpalast über den Campanile und die Rialto-Brücke bis zum Markusplatz begeistert das aktuell zweitgrößte Hotel der Welt (gemeinsam mit dem Palazzo 7128 Zimmer) mit einem taubenfreien Nachbau der Lagunenstadt – inklusive anmietbaren Hallengondeln. Dazu gehören 18 Restaurants, zahlreiche Läden und Boutiquen sowie ein Casino.
■ 3355 S Las Vegas Blvd, Tel. 702 414 10 00, www.venetian.com

❻ Stratosphere Tower
| Aussichtsturm |

Der 350 m hohe Turm dominiert die Skyline von Las Vegas. Neben dem Ausblick bietet die Besucherplattform diverse Fahrgeschäfte, die über die Grenzen des Gebäudes hinausgehen: ein Katapult zur Turmspitze sowie einen kontrollierten »sky jump« aus 253 m Höhe. Bodenständigere Charaktere können auch vom Drehrestaurant den Blick auf den Strip genießen.
■ 2000 S Las Vegas Blvd, Tel. 702 380 77 77, www.stratospherehotel.com, So–Do 10–1, Fr, Sa 11–2 Uhr, Plan S. 72

Strip | Las Vegas

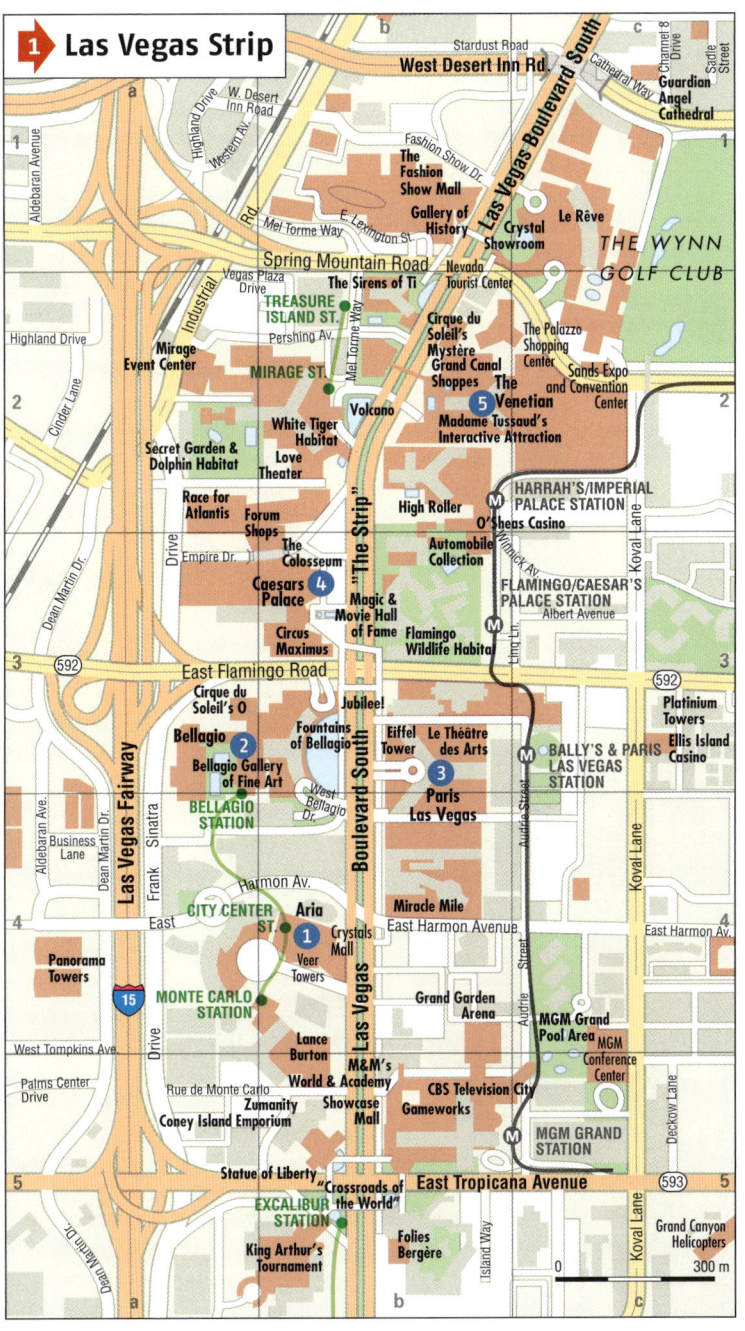

Las Vegas

Parken

Die Hotels am Strip besitzen Parkhäuser, die Tagesrate liegt bei etwa 15 Dollar. Hotelgäste benötigen ihre Zimmerschlüssel zur Ausfahrt. Abseits des Strips ist die Benutzung der Parkhäuser meist inbegriffen, bei einigen sogar mit Valet Parking (S.110).

Restaurants

€–€€ | **The Beerhaus** Hausgemachte Biere und modernes Kneipenessen mit vielen Plätzen unter freiem Himmel. So sieht die amerikanische Umsetzung des klassischen deutschen Biergartens aus. Großzügige Happy Hour von 14 bis 18 Uhr. ■ Park MGM, 3784 S Las Vegas Blvd, Tel. 702 692 23 37, www.theparkvegas.com, Mo–Do 11–1, Fr 11–2, Sa, So 10–1 Uhr, Plan S. 69 b5

€€€ | **Eiffel Tower Restaurant** Der Genuss französischer Kochkunst mag die vordergründige Facette des Besuchs in diesem Lokal sein. Nicht weniger exklusiv ist die Erfahrung, im detailgetreuen Nachbau der bekanntesten Pariser Touristenattraktion zu verweilen. ■ Paris Hotel, 3655 S Las Vegas Blvd, Tel. 702 948 69 37, www.eiffeltowerrestaurant.com, Mo–Fr 11.30–15, Sa, So 10–15, So–Do 16.30–22.30, Fr, Sa 16.30–23 Uhr, Plan S. 69 b3

€€€ | **Sushi Samba** Das vielleicht beste Sushi-Restaurant der Stadt begeistert mit »front cooking«, schickem Design und kühnen Gerichten. Die Preise haben es in sich. ■ The Venetian, 3355 S Las Vegas Blvd, Tel. 702 607 07 00, www.venetian.com, So–Mi 11.30–1, Do–Sa 11.30–2 Uhr, Plan S. 69 b2

Einkaufen

My Town Square Shoppingmall mit über 125 Läden unter freiem Himmel. Sehr praktisch für alle, denen auf dem Weg zum Flughafen einfällt, dass sie ihre Besorgungen vergessen haben. ■ 6605 S Las Vegas Blvd, Tel. 702 269 50 01, www.mytownsquarelasvegas.com, Mo–Do 10–21, Fr, Sa 10–22, So 11–20 Uhr, Plan S. 69 südl. von b5

In der Umgebung

Carroll Shelby Museum
| Museum |
Kostenlos zu besichtigendes Werk und Ausstellungshaus des legendären Muscle-Car-Tuners mit Auto-Schau und Geschenke-Shop.
■ 6405 Ensworth St, Tel. 844 974 35 29, www.shelby.com, Mo–Sa 9.30–18, So 10–16 Uhr, Führungen Mo–Fr 10.30, 13.30, Sa 10.30 Uhr, Eintritt kostenlos

Der britische Rennwagen AC Cobra im Carroll Shelby Museum

Downtown

Das alte Herz von Sin City schlägt wieder

Lange Zeit schien es angesichts der schillernden Welten am Strip fast vergessen, doch knapp fünf Kilometer nordöstl. des Stratosphere Tower steht immer noch die alte Downtown. Hier hat Las Vegas nach der Legalisierung des Glücksspiels seinen einzigartigen Werdegang begonnen. Dem casinolastigen Abschnitt der Fremont Street wurde durch eine Überdachung mit zweifelhaftem Erfolg neues Leben einzuhauchen versucht. Nur ein paar Schritte entfernt aber wissen die Fremont und ihre Seitenstraßen zu gefallen. Weiter südlich im Arts District zeigt sich Vegas von seiner hippen Seite.

Sehenswert

Arts District
| Stadtviertel |

 *Casinofreie Zone mit Galerien und coolen Shops*

Einige Blocks südl. von Downtown zeigt sich Las Vegas von einer bis vor Kurzem undenkbaren Seite: In leer stehende Lagerhallen sind Cafés, Restaurants, Galerien und Fachgeschäfte für Vintage-Bekleidung und Andenken an das Amerika vergangener Zeiten eingezogen. Eine wohltuende Abwechslung zur hektisch vor sich hin blinkenden Hochglanzstadt.

■ Zwischen S Main St, S Casino Center Blvd und E Charleston Blvd

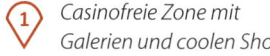 Fremont Street
| Fußgängerzone |

Die Magistrale des »alten« Las Vegas wurde kürzlich zwischen Strip und Main Street überdacht. Seitdem kön-

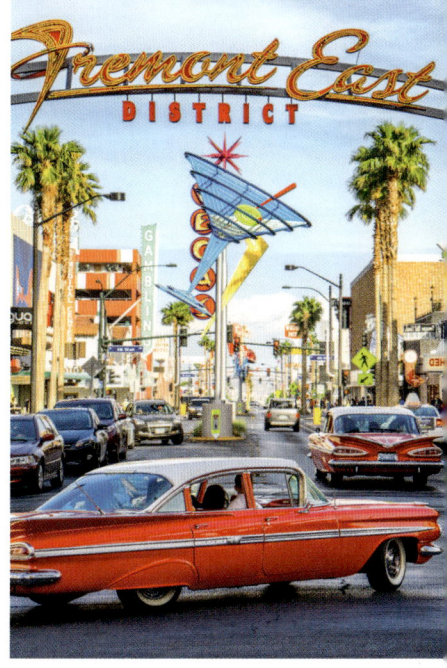

Alter, roter Cadillac in der Fremont Street in Downtown Las Vegas

nen Besucher an einer Zipline durch den Korridor jagen. Ebenso wie die Fußgänger sehen sie neben Casinoklassikern (Golden Nugget) billige Souvenirläden, aufreizend bekleidete Damen und Bars mit Plastikbecherausschank. An der Ostseite stehen unter freiem Himmel einige Leuchtreklamen aus vergangenen Zeiten. Auch haben hier und in den Seitenstraßen einige nette Restaurants mit Tischen unter freiem Himmel aufgemacht.

 Downtown Container Park
| Fußgängerzone |

In ausrangierten Schiffscontainern und ähnlichen Behältnissen befinden sich Läden, Bars, Restaurants und sogar Kinderspielplätze. Die Container sind so angeordnet, dass sie den Besuchern

1 Las Vegas

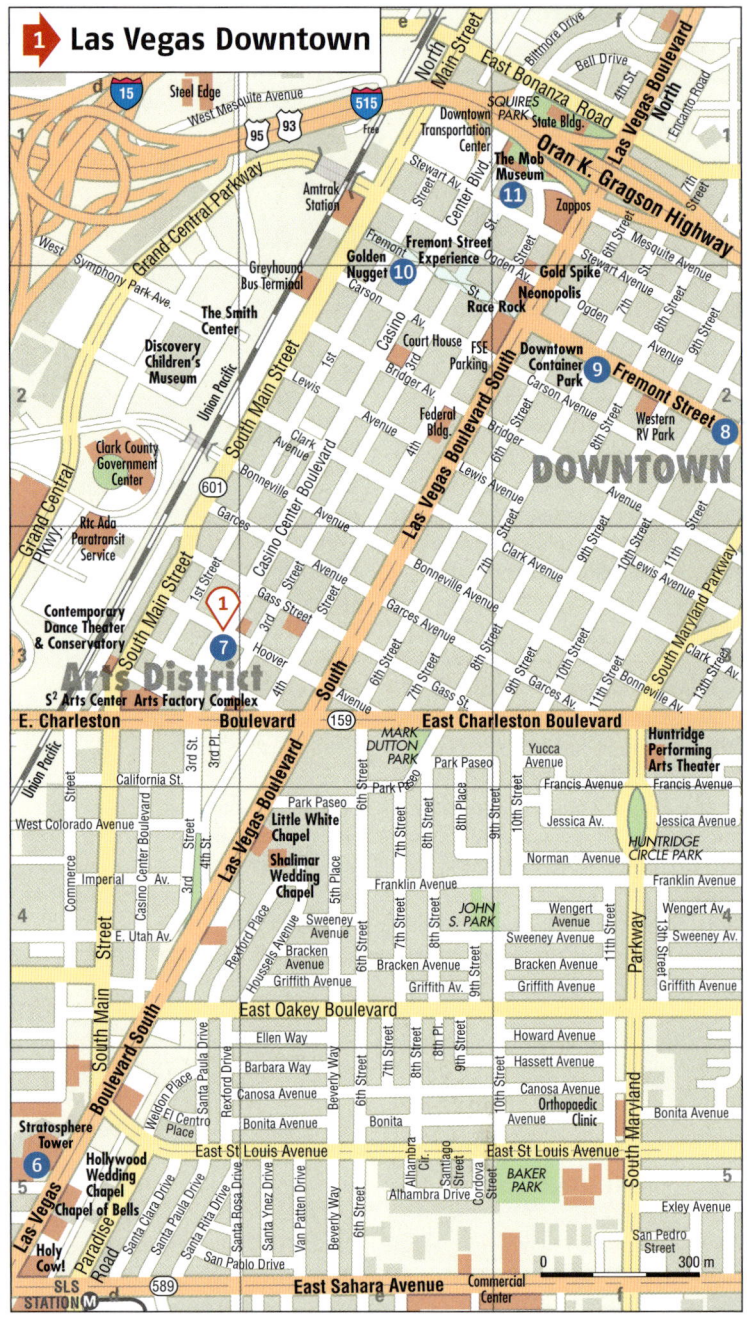

einen entspannten Rückzugsort vom ansonsten hektischen Treiben der Stadt bieten.

■ 707 Fremont St, www.downtown containerpark.com, tgl. 11–21 Uhr (Restaurants länger)

⑩ Golden Nugget
| Casinohotel |

Das ehrwürdige Haus hat bereits im Jahr 1946 seine Pforten geöffnet. 1971 war es Schauplatz des James-Bond-Films »Diamantenfieber«. Mit 2400 Zimmern ist das Haus heute das größte Casinohotel in Downtown. Zu den bizarren Attraktionen gehört ein Haifischbecken, das abenteuerlustige Zeitgenossen in einer Rutschbahn aus Plexiglas durchqueren können.

■ 129 E Fremont St, Tel. 702 385 71 11, www.goldennugget.com

⑪ The Mob Museum
| Museum |

Bis in die 1970er-Jahre war Las Vegas fest in der Hand der organisierten Kriminalität. Das im ehemaligen Gerichtsgebäude untergebrachte Museum gewährt seit 2012 einen Überblick über die Machenschaften der Mafia. Zu den makabren Exponaten gehört auch der Nachbau eines elektrischen Stuhls.

■ 300 Stewart Ave, www.themob museum.org, Do–Sa 9–12, So–Mi 9–22 Uhr, ab 27 $

 Restaurants

€ | **Makers & Finders** Wunderbares Lokal mit ebenso vorzüglichem wie gesundem Essen in entspannter Atmosphäre. ■ 1120 S Main St, Tel. 702 586 82 55, www.makerslv.com, Mo–Do 7–20, Fr, Sa 7–21, So 9–15 Uhr, Plan S. 72 d3

€€ | **La Comida** Mexikanische Küche in angenehmem Ambiente mit Plätzen im Freien. ■ 100 S 6th St, Tel. 702 463 99 00, www.lacomidalv.com, Di–Do 11.30–22.30, Fr, Sa 12–24, So 12–23 Uhr, Plan S. 72 f2

 Cafés

Vesta Coffee Roasters Angesagtes Café, wo der Kaffee der Zukunft gebraut wird – mit Macadamiamilch. ■ 1114 S Casino Center Blvd, Tel. 702 685 17 77, www.vestacoffee.com, tgl. 7–16, Sa, So ab 8 Uhr, Plan S. 72 d3

Im Blickpunkt

Der Wandel von Sin City

Lange lockte Las Vegas mit Glücksspiel, Strip-Shows, billigen Büfetts und Hotelpreisen von 30 oder 40 Dollar pro Nacht. Diese Zeiten sind aber definitiv vorbei: Sin City hat sich von der billigen Spielerstadt zum globalen Tourismuszentrum aufgeschwungen. Besucher kommen auch aus Asien, Südamerika und Europa – und sie reisen nicht in der Hoffnung an, den Jackpot zu knacken. Vielmehr wollen sie das Gesamtkunstwerk Las Vegas entdecken. Ein Feuerwerk der Illusionen und eine glitzernde Konsumwelt. Für die Stadt ist das ein Glücksfall, denn das Zocken erweist sich für die jüngeren Generationen zunehmend als uninteressant. Schon heute kommen mehr als 20 Hotels ohne Casino aus. Ein Trend, der sich beschleunigen dürfte. Der Wandel zu einer hochpreisigen Qualitätsdestination scheint geschafft.

1 Las Vegas

Plan S.72

Einkaufen

Antique Alley Mall 55 Einzelhändler bieten in dieser Lagerhalle ihre Antiquitäten und Liebhabergegenstände an. Das Angebot reicht von Zapfsäulen über Autogrammkarten von Mafiamitgliedern bis zu Klamotten aus den Beständen von Schauspielerinnen. ■ 1126 S Main St, Tel. 702 684 51 77, www.antiquealleymall.com, tgl. 10–18 Uhr, Plan S.72 d4

Bühne

Cirque du Soleil Die Show-Spezialisten sind seit über 20 Jahren mit zurzeit sieben unterschiedlichen Shows auf verschiedenen Bühnen in Las Vegas präsent. ■ www.cirquedusoleil.com/las-vegas, Tickets ab 59 $

ADAC *Mobil*

ÖPNV Las Vegas

Das Transportbedürfnis konzentriert sich in Las Vegas auf den Strip. Seit 2004 verbindet die **Las Vegas Monorail** die Südseite beim MGM Grand über 6,3 Kilometer und sieben Stationen mit der Nordseite (beim SLS). Einzeltickets kosten fünf Dollar, Viertagespässe 36 Dollar. Abseits des Strip gelegene Großhotels bieten häufig kostenlose Shuttles zu den Stationen an. Zusätzlich zur Monorail verkehren auf der Westseite des Strip weitere Bahnen zwischen dem Mirage und dem Treasure Island, dem Bellagio und dem Park MGM (ehemals Monte Carlo) sowie dem Mandalay Bay und dem Excalibur. Die Benutzung der Shuttles ist kostenlos.
www.lvmonorail.com

Blue Man Group Das Ensemble blau geschminkter Akrobaten erfreut regelmäßig mit seiner eigenwilligen Choreografie. ■ Luxor, 3900 S Las Vegas Blvd, www.luxor.com, Tickets ab 59 $, Plan S. 69 südl. von b5

Erlebnisse

Dream Racing Auf der Rennstrecke können Geschwindigkeitsfanatiker ihre Leidenschaft am Steuer von Rennwagen ausleben. Zur Verfügung stehen von der Corvette bis zum Lamborghini alle möglichen »super cars«. ■ Las Vegas Motor Speedway, 7000 N Las Vegas Blvd, Tel. 702 605 30 00, www.dreamracing.com, ab 299 $, Plan S. 72 nordöstl. von f1

Sport

Vegas Golden Knights Schon in ihrer Debütsaison 2017/18 hat die Eishockeymannschaft völlig überraschend für Furore gesorgt. Das NHL-Team ist der erste Vertreter von Las Vegas in einer der vier großen US-Ligen. Heimat ist die nagelneue T-Mobile-Arena mit 20 000 Plätzen. ■ www.nhl.com/goldenknights

In der Umgebung

Red Rock Canyon
| Schlucht |

Die nächstgelegene Naturattraktion besticht mit den typischen Felsenformationen des amerikanischen Westens, Wander- und Radwegen sowie für eilige Besucher mit einem 21 Kilometer langen »scenic drive«.
■ 1000 Scenic Loop Dr, Las Vegas (27 km westl. vom Strip), Tel. 702 515 53 50, www.redrockcanyonlv.org, tgl. ab 6 Uhr, 15 $ pro Fahrzeug

Blick von Zabriskie Point auf die bizarre Erosionslandschaft im Death Valley

2 Death Valley National Park

Das Tal des Todes ist ebenso heiß wie unwirtlich

Information

■ Furnace Creek Visitor Center, California Highway 190, CA 92328, Tel. 760 786 32 00, www.nps.gov/deva, tgl. 8–17 Uhr, 25 $ pro Fahrzeug

Der heißeste, trockenste und am tiefsten gelegene Nationalpark der USA befindet sich zum überwiegenden Teil auf kalifornischem Terrain. Die unwirtliche Wüstenlandschaft wartet mit einigen Standardattraktionen auf, die mit dem Auto bequem zugänglich sind. Wer über die US 190 aus Richtung Nevada anreist, stößt mit Zabriskie Point zunächst auf den wohl berühmtesten Ausblick des Nationalparks. Von der Kuppe eines Hügels reicht der Blick ebenso auf nahe wie auf weiter entfernt liegende Gesteinsformationen. 6,5 Kilometer weiter westl. künden die Palmen des Furnace Creek Inn von einer Oase. Hier zweigt auch die Straße ins Badwater Basin ab. 27 Kilometer weiter südlich ist der mit 86 m unter dem Meeresspiegel tiefste Punkt des amerikanischen Kontinents erreicht. Je nach Jahreszeit ist hier nicht nur eine salzige Ebene, sondern auch eine Wasserader zu bewundern. Sehr beeindruckend ist der Blick hinauf zu einem Schild, das den Meeresspiegel markiert. Auf halber Strecke zurück gen Norden zweigt in Richtung Osten der Artists Drive ab, eine 14 Kilometer lange Rundstrecke, die wie immer in den Nationalparks wunderbar ausgebaut ist. Auf der anderen Seite der Badwater Road entfaltet sich mit dem sogenannten Devil's Golf Course eine feindselige Landschaft mit einer brachial zerfurchten Erdoberfläche.

Death Valley National Park

 In der Umgebung

Ash Meadows National Wildlife Refuge
| Naturschutzgebiet |

 Zauberhaftes Ökosystem am Rand des Death Valley

Das Naturreservat kurz vor der kalifornischen Grenze gehört zwar nicht zum Nationalpark Death Valley, aber doch zu der geografischen Einheit. Ash Meadows beherbergt die Quelle Crystal Spring, die einen Bach, mehrere kleine Tümpel und einen künstlich aufgestauten See speist. Das fragile Ökosystem ist die Heimat von 26 endemischen Arten, darunter der als seltenster Fisch der Welt zu Buche stehende Devil's Hole Pupfish. Ein mit Planken ausgelegter Pfad führt durch das Areal.

■ 69 km östl. von Furnace Creek, 610 E Springs Meadows Rd, Amargosa Valley, Tel. 775 372 54 35, www.fws.gov/refuge/Ash_Meadows

Goldfield
| Geisterstadt |

 Revitalisierte Geisterstadt mit bizarren Autoskulpturen

Wie der Name andeutet, wurde am heutigen Highway 95 Gold gefunden. Wo sich 1904 bis zu 30 000 Menschen auf die Suche nach Reichtum gemacht haben, erinnern heute Saloons, Fördertürme und andere Relikte an die Boomzeit. Highlight ist der International Car Forest, der aus in den Boden gerammten Fahrzeugen besteht.

■ 176 km nördl. von Furnace Creek, www.goldfieldnevada.org

Rhyolite
| Geisterstadt |

Nach einem Goldfund 1904 entstand zwischen Felsen und Palmen eine ganze Stadt mit Bahn, Oper und Krankenhaus. Die Geisterstadt eignet sich vorzüglich für Foto-Sessions.

■ 64 km nördl. von Furnace Creek, www.nps.gov/deva

Car Forest aus in den Boden gerammten Fahrzeugen in der Geisterstadt Goldfield

Lake Tahoe

Herrlicher Bergsee mit Blick auf Kalifornien

Information

- www.visitinglaketahoe.com

Die bis zu 3317 m hohen Berge der Carson Range und dichte Wälder aus Ponderosa-Kiefern bilden das ausgesprochen ansehnliche Dekor für den Lake Tahoe. Eine Tiefe von mehr als 500 m ist verantwortlich für die tiefblaue Farbe des 500 Quadratkilometer großen Bergsees. Und die Lage in 1900 m Höhe garantiert kalte Winter und erträgliche Sommer. All dies macht den See, den sich Nevada (zu etwa einem Drittel) und Kalifornien teilen, zu einer Ferienregion wie aus dem Bilderbuch. Die intensiven Farben und die wohltuende Luft erweisen sich schon nach kurzer Zeit als Balsam für die Seele. Die schönsten Badestrände befinden sich in Incline Village, im Sand Harbor State Park (www.parks.nv.gov, 10 $ pro Fahrzeug), an der Zephyr Cove Marina sowie am Nevada Beach beim Ort Stateline. Eine Rarität im prüden Amerika ist der Secret Cove Beach (www.secretcovenevada.com), wo das Nacktbaden gestattet ist. Das Parken kann an den Stränden mitunter problematisch sein. Der Lake Tahoe und die dahinter liegenden Berge eignen sich für die Ausübung von Wassersport ebenso wie zum Skilaufen. Autofahrer erfreuen sich an der 115 Kilometer langen Küstenstraße, die kaum einen landschaftlichen Vorzug auslässt. Ein rund um den See führender Radweg befindet sich zurzeit im Bau.

Sehenswert

Diamond Peak Ski Resort
| Skigebiet |

 Wunderbares Skigebiet mit Blick auf den Lake Tahoe

Die Talstation ist von Incline Village per Shuttle binnen fünf Minuten erreicht. Zwar ist die Anzahl der Lifte überschaubar, die Pisten sind allerdings so reizvoll, wie der Ausblick auf den See und die Berge atemberaubend ist.

- 1210 Ski Way, Incline Village, NV 89451, Tel. 775 831 32 11, www.diamondpeak.com, Skipass 79 $ am ersten Tag

Sand Harbor State Park
| Naturpark |

Auf einer Halbinsel an der Ostküste zeigt sich der See von seiner allerschönsten Seite: Sandstrand, Findlinge und Koniferen bereichern die malerische Landschaft um weitere Elemente.

- Highway 28, 7 km südl. von Incline Village, Tel. 775 831 04 94, parks.nv.gov, tgl. 8 Uhr bis 1 Stunde nach Sonnenuntergang, 10 $ pro Fahrzeug

Verkehrsmittel

Auf dem See verkehren in den Sommermonaten einige Ausflugsschiffe.
- Ableger Tahoe Gal, Tahoe City, ab 28/15 $, www.tahoegal.com

Restaurants

€€€ | **Lone Eagle Grille** Vornehmes Lokal mit Blick auf den See. Während Naturstein, Holz und offenes Feuer für Wohlbehagen sorgen, erfreut die Küche mit neuamerikanischen Gerichten. 111 Country Club Dr, Incline Village, Tel. 775 886 68 99, www.loneeaglegrille.com, tgl. 11.30–15, 17.30–21, Fr, Sa bis 22 Uhr

3 Lake Tahoe

Im Blickpunkt

Mark Twain im Südwesten

Der Lake Tahoe gehört zu den schönsten Flecken des Kontinents. Dies hat in den 1860er-Jahren auch ein Reisender namens Samuel Clemens erfahren, der von der Schroffheit des Westens bis zu diesem Zeitpunkt wenig angetan war. Gemeinsam mit einem Freund steckte der Abenteurer an den Ufern des Sees einen Land-Claim ab. Der wortgewaltige Beobachter sollte später als Mark Twain in die Literaturgeschichte eingehen. Auch am Lake Tahoe blieb Clemens' Anwesenheit nicht lange unbemerkt: Gemeinsam mit seinem Gefährten machte er ein Lagerfeuer, das außer Kontrolle geriet – die Bewaldung ganzer Bergflanken brannte nieder.

Events

Lake Tahoe Shakespeare Festival Im Sand Harbor State Park befindet sich eine Freilichtbühne, auf der im Juli und August das Festival ausgetragen wird.
■ www.laketahoeshakespeare.com

4 Virginia City

Lebendiges Westernstädtchen mit reicher Geschichte

i Information

■ Tourism Commission, 86 South C St, Virginia City, NV 89440, Tel. 775 847 75 00, www.visitvirginiacitynv.com, Mo–Sa 9–17, So 10–16 Uhr

Aus heutiger Sicht liegt Virginia City etwas ab vom Schuss. Doch als hier 1859 die Comstock-Silberader entdeckt wurde, entstand innerhalb weniger Jahre eine Stadt mit 30 000 Einwohnern. Die rauschhafte Suche nach Glück und Reichtum sollte den Goldrausch der 1860er-Jahre überdauern – bald aber kehrte in Virginia City wieder Ruhe ein. Geblieben ist ein hübsches Städtchen mit einem intakten Stadtbild, vielen Attraktionen und einigen Originalen, die auch in den TV-Serien der Gegenwart keinesfalls deplatziert wären. Ein Spaziergang lohnt auch abseits der Hauptstraße (C Street).

 Sehenswert

Ponderosa Saloon and Mine
| Silbermine |
Aus dem Saloon führt ein Schacht direkt in die Silbermine. So hat der Abbau des Edelmetalls einst funktioniert, und so können ihn Besucher heute im Rahmen einer Führung erleben.
■ 106 South C St, Tel. 775 847 72 10, tgl. ab 12 Uhr, Führungen alle 30 Minuten, 7 $

Silver Terrace Cemetery
| Friedhof |
Kurioser Friedhof mit den Grabstätten memorabler Bewohner und teils sonderbaren Inschriften.
■ 381 Cemetery Rd, tgl. 6–20 Uhr

 Restaurants

 € | Red Dog Saloon Saloon der ersten Stunde mit hausgemachter Pizza, gutem Bier und Livemusik. Zur Geschichte gehört auch, dass hier 1968 mit einem Auftritt der Band The Charlatans der Psychedelic Rock erfunden wurde. ■ 76 North C St, Tel. 775 847 74 74, www.reddogvc.rocks, tgl. 11–21, Fr bis 23, Sa bis 24 Uhr

 Einkaufen

Virginia City Hat Maker Für die Hüte zeichnet mit Pascal Baboulin ein freundlicher Franzose verantwortlich, der in alle Welt exportiert. ■ 144 South C St, Tel. 775 847 92 14, www.leschapeauxbaboulin.com, tgl. 10–17 Uhr

5 Reno

Unaufgeregte Casinostadt mit herrlicher Umgebung

 Information

■ Reno Tahoe USA Visitor Center, 135 N Sierra St, Reno, NV 89501, Tel. 775 682 38 00, www.visitrenotahoe.com, tgl. 10–18 Uhr

ADAC *Wussten Sie schon?*

»Bonanza« – eine Ranch in Nevada
Für Fernsehzuschauer vergangener Tage gab es kein Entkommen: Fast täglich flimmerten die Abenteuer der Familie Cartwright über den Bildschirm. Ihre Heimat war die Ponderosa-Ranch, die sich gemäß einer im Vorspann eingeblendeten Karte zwischen den Ufern des Lake Tahoe, Reno und Virginia City befand. Die Ranch jedoch war fiktiv, und eine nach ihr benannte Touristenattraktion hat 2004 geschlossen. Gedreht wurde ohnehin überwiegend in den Warner-Bros.-Studios in Burbank, Kalifornien.

Reno hat sich selbst den Titel als »größte Kleinstadt der Welt« verpasst

Die größte Kleinstadt der Welt. Diesen Ehrentitel haben Marketingleute Reno (230 000 Einw.) verpasst – und damit kann die im Schatten der Sierra Nevada gelegene Stadt gut leben. Ähnlich wie in Las Vegas sind auch hier die blinkenden Lichterketten an den Casinos wie Peppermill, Atlantis und Grand Sierra das tonangebende städtebauliche Element. Allerdings wird Reno nicht von der Suche nach immer neuen Sensationen getrieben. Im Schatten von Downtown konnte sich Midtown (www.renomidtowndistrict.com) als Ausgehviertel ohne Glücksspiel etablieren. Und Reno scheint sogar für eine Zukunft ohne Roulette gut gerüstet: 2020 eröffnet hier eine Fabrik des E-Autobauers Tesla. Die Lage unweit der Berge und des Lake Tahoe macht Reno zu einem populären Ausgangspunkt für Outdoor-Aktivitäten.

Reno

Ein klassischer Ford Mustang im National Automobile Museum

Sehenswert

National Automobile Museum
| Museum |

Spektakuläre Sammlung klassischer Automobile

Die Sammlung des Hotelmoguls William F. Harrah (1911–1978) umfasst mehr als 200 klassische Automobile von den 1890er-Jahren bis in die 1960er. Blank gewienert und effektvoll in Szene gesetzt, erinnern die Gefährte nicht nur an die Glanzstunden von Design und Ingenieurskunst, sondern auch an die amerikanische Vergangenheit: Zu den Exponaten gehören eine Chevrolet Corvette von John Wayne, ein Ghia aus dem Besitz von Frank Sinatra und ein Cadillac Eldorado aus dem Fuhrpark von Elvis Presley.

■ 10 Lake St, Tel. 775 333 93 00, www.automuseum.org, Mo–Sa 9.30–17.30, So 10–16 Uhr, 12/6 $

Virginia Street
| Straße |

Als Epizentrum des Glücksspiels beherbergt die Virginia Street zwischen dem Truckee River und dem Circus Circus die größten, traditionsreichsten und neuesten Casinohotels der Stadt.

Restaurants

€€–€€€ | **Feast** Ungezwungenes Ambiente, gute Weinkarte und schmackhafte Kreationen. Königsdisziplin ist das Filet mit Hummer (»Surf and Turf«).
■ 516 S Virginia St, Tel. 775 686 69 69, www.finfiletreno.com, Mo–Sa 10–16, So 10–14, tgl. 17–21 Uhr

Parken

Die Benutzung der Parkhäuser der Casinos in der Innenstadt von Reno ist fast immer kostenlos.

Kinder

The Discovery STEAM steht in der englischsprachigen Pädagogik für »science, technology, engineering, art and math«. Das interaktive Museum greift die Disziplinen auf kinderfreundliche Art auf. ■ 490 S Center St, Tel. 775 786 10 00, nvdm.org, Mo–Sa 10–17, Mi bis 20, So 12–17 Uhr, 12/10 $

6 Loneliest Highway

Straße in die Einsamkeit mit attraktiven Stopps

Information

■ www.travelnevada.com

Der US-Highway 50 verbindet Kalifornien mit Maryland. Nachdem ein Reporter des Magazins »Life« 1986 die Strecke zwischen Fallon und Ely in Nevada gefahren ist, hat er den Begriff des einsamsten Highway Amerikas geprägt. Seitdem hat sich die Straße zu einem Ziel für Entdecker gemausert, die sich auf der Suche nach den Überbleibseln einer längst verblichenen Vergangenheit befinden. Wer ein Gefühl für die Weiten des Landes bekommen möchte, ist auf der 415 Kilometer langen Strecke gut aufgehoben. Bei dem kleinen Dorf Austin erreicht der Highway eine Passhöhe mit 2370 m. Eis und Schnee sind jederzeit möglich. Wer von West nach Ost fährt, passiert als erstes Highlight Grimes Point Archaeological Area (16 km südöstl., weitere Infos im Churchill County Museum, www.ccmuseum.org), wo das indigene Volk der Paiute mehr als 10 000 Jahre alte Felsbilder hinterlassen hat. Nach 45 Kilometern folgt mit dem Sand Mountain eine bis zu 200 m hohe Sanddüne von vier Kilometer Breite. Nächstes Highlight ist nach 77 Kilometern der alte Handelsposten Middlegate Station, wo sich die Bewohner der ganzen Gegend auf einen Burger oder auf ein Bier treffen. Wer hier der State Route 361 und später der 844 folgt, kommt in den Berlin-Ichthyosaur State Park (parks.nv.gov), wo neben einer Geisterstadt das Fossil eines Dinosauriers zu sehen ist. Für diesen Exkurs ist allerdings ein Allradwagen empfehlenswert. Populär sind die Spencer Hot Springs (nach 208 km), vier Naturbecken mit 50 Grad warmem Wasser. Ely ist ein Provinznest, das seine besten Zeiten hinter sich hat. Interessant ist das Nevada Northern Railway Museum (www.nnry.com). Eine sinnvolle Fortsetzung der Strecke ist der Highway 93 zum Great Basin National Park in Richtung Las Vegas.

ADAC *Mittendrin*

Das Burning-Man-Festival

Einmal im Jahr, von Ende August bis Anfang September, verwandelt sich Black Rock Desert (ca. 230 km nördl. von Reno) für neun Tage in eine Stadt mit 80 000 Einwohnern. Anlass ist das Burning-Man-Festival, in dessen Rahmen die Teilnehmer die Kunst, das Leben und sich selbst feiern. Bizarre Skulpturen, Fantasiebauten, Installationen und Skulpturen bilden den Rahmen für das vermutlich verrückteste Festival der Welt. Zentrales Happening ist die rituelle Verbrennung einer Figur, des »Burning Man«, die eine reinigende Wirkung auf die Teilnehmer haben soll.
www.burningman.org

Im Blickpunkt

Nationalparks in den USA

Der 1. März 1872 sollte ein Datum von internationaler Bedeutung werden: An diesem Tag hat der Kongress den Yellowstone National Park unter Schutz gestellt und der respektvollen Freizeitgestaltung gewidmet. In den folgenden Jahrzehnten wurden weltweit viele weitere Nationalparks geschaffen, auch in den USA. Als 1916 der National Park Service (NPS) die Aufgaben der Pflege übernahm, standen bereits 35 Parks und Monumente unter Schutz. Heute gibt es 59 Nationalparks, die fast die Fläche der BRD vor der Wiedervereinigung einnehmen. Der Erfolg hat aber auch Schattenseiten: Viele Parks bewegen sich in der Hauptsaison an ihrer Kapazitätsgrenze.

7 Great Basin National Park

Überraschend vielseitiger Park im Großen Becken

Information

■ Lehman Caves Visitor Center, 5500 W Hwy 488, Baker, NV 89311, Tel. 775 234 73 31, www.nps.gov/grba, Park durchgehend geöffnet, Eintritt frei, Höhlenführungen tgl. 8–16 Uhr, 11/9 $

Der 3982 m hohe Gipfel des Wheeler Peak. Der mutmaßlich älteste Baum der Welt. Ein weitverzweigtes Höhlensystem – und weitläufige Landschaften in einem kaum bewohnten Gebiet. All dies macht Great Basin zu einem Geheimtipp unter den Nationalparks. Für Botaniker ist die Bristlecone Pine eine Top-Attraktion. Sie gedeiht an der Westflanke des Wheeler Peak und erreicht ein Alter von bis zu 5000 Jahren. Das Areal ist aufgrund der Höhenlage nur im Sommer zugänglich. Immer gleich ist die Temperatur unterdessen in den Lehman Caves, deren weitverzweigte Katakomben Besucher im Rahmen kompetent moderierter Führungen erkunden können. Wer mit dem Wohnmobil unterwegs ist, findet im Park herrliche Zeltplätze.

8 Boulder City

Lebensfrohes Städtchen am Hoover Dam und Lake-Mead-Erholungsgebiet

Information

■ Nevada Welcome Center, 100 Nevada Highway, Boulder City, NV 89005, Tel. 702 294 12 52, www.visitbouldercity.com, Mo–Fr 8–16.30 Uhr

Boulder City ist die einzige größere Siedlung in Nevada, die ohne Casinos auskommt. Seine Existenz verdankt der 15 000-Einwohner-Ort dem Bau des größten Stausees in den USA. Der 221 m hohe Hoover Dam wurde zwischen 1931 und 1935 errichtet. Um die Arbeiter vor den Versuchungen des Lebens zu schützen, wurden die sonst in Nevada geltenden Freizügigkeiten untersagt, was bis heute so geblieben ist. So ist es Galerien, Restaurants, Antiquitätenläden und einer üppigen Vegetation vorbehalten, das Stadtbild zu prägen. Wassersport und sonstige Outdoor-Aktivitäten, Ausflüge zum Grand Canyon (www.5starhelicopter

Hoover Dam und Lake Mead

tours.com, Helikopter-Rundflüge 70 Min. ab 299 $) machen den Ort zu einem Ausgangspunkt für vielseitige Aktivitäten.

Restaurants

€ | **Milo's Cellar** Mischung aus Delikatessenladen und Weinbar mit einfachen, aber guten Gerichten. ■ 538 Nevada Way, Tel. 702 293 95 40, www.milosbouldercity.com, tgl. 11–21 Uhr

9 Hoover Dam und Lake Mead

Beeindruckende Konstruktion mit enormem Stausee

Information

■ Hoover Dam: www.usbr.gov/lc/hooverdam, Besucherzentrum tgl. 9–17 Uhr, 10 $, Touren 15/12 $

■ Lake Mead: Lakeshore Scenic Dr (zwischen Boulder City und dem Hoover Dam), Tel. 702 293 89 90, www.nps.gov/lake, tgl. 9–16.30 Uhr, Eintritt zur Recreational Area 20 $ pro Fahrzeug

Der 1936 vollendete Bau des Hoover Dam hat Nevada und Arizona nachhaltig verändert. Mitten in der Wüste wurde der mächtige Colorado River zu einem mehr als 170 Kilometer langen See aufgestaut: Lake Mead. Der imposante Staudamm ist eine Attraktion für sich, die auf verschiedene Arten besichtigt werden kann. Lake Mead ist ein herrliches Revier zur Ausübung von Wassersport mit acht Zugängen. Zentrale Anlaufstelle ist das Lake Mead Visitor Center. Von hier aus bieten die Lake Shore Road und die North Shore Road erhabene Ausblicke. Die unbefangene Freude an der künstlichen Pracht wird indes durch sinkende Wasserstände getrübt.

Der Hoover Dam staut in der Wüste Nevadas den Colorado River zum Lake Mead

Übernachten

Mit über 150 000 Hotelzimmern ist das Übernachtungsangebot in Las Vegas überwältigend groß. Die Bandbreite reicht von den betagten Motels an der Fremont Street über Casinohotels in der Peripherie bis hin zu den mondänen Bauten am Strip. Wer die Stadt wirklich genießen möchte, sollte sich tunlichst hier oder im alten Downtown einquartieren – die sonst anfallenden Fahrten strapazieren das Zeitbudget. Das Niveau reicht von unauffällig sauberer Funktionalität bis zu protzigem Luxus, wobei die Preise extrem variieren. Wer nicht viel ausgeben möchte, sollte die Stadt vor allem während großer Messen und mit Abstrichen auch am Wochenende meiden. Der Check-in erfolgt neuerdings in der Regel am Automaten. Gepflegte Hotels gehören auch am Lake Tahoe und in Reno zum Standard. Auf dem Land ist das Angebot derweil bescheiden. In vielen Motels scheint die Zeit stehen geblieben zu sein, was vor allem für Nostalgiker auch seinen Reiz haben kann.

Las Vegas 66

€–€€ | **Luxor** Die dunkle Pyramide aus Glas mit dem Nachbau der Sphinx weiß auch im heutigen Las Vegas noch aufzufallen. Die Zimmer genügen dem Viersternestandard und sind aufgrund der Randlage am Strip meist ziemlich günstig zu haben. ■ 3900 S Las Vegas Blvd, Las Vegas, NV 89119, Tel. 702 262 40 00, www.luxor.com

€–€€€ | **The Grand** Sachliche Unterkunft mit modernen Zimmern, lebendiger Lobby und großem Swimmingpool. Eine gute Ausgangsposition für die Erkundung von Downtown, Fremont Street und Arts District. Abends kann es jedoch ziemlich laut werden. ■ 206 N 3rd St, Las Vegas, NV 89101, Tel. 702 719 51 00, www.downtowngrand.com

€€ | **The LINQ Resort and Casino** Gut gelegenes Haus der Caesars-Gruppe mit frischem Interieur. Zur Anlage gehört eine Einkaufspassage unter freiem Himmel (Linq Promenade), über die mit dem 167 m hohen High Roller das größte Riesenrad der Welt wacht. ■ 3535 S Las Vegas Blvd, Las Vegas, NV 89109, Tel. 1 800 634 64 41, www.caesars.com

€€–€€€ | **Cosmopolitan** Luxushotel mit viel Gespür für Design und neobarocken Anklängen. Die knapp 3000 Zimmer sind auf zwei 61 Stockwerke hohe Türme verteilt, die einen formidablen Ausblick gestatten. Der im 4. Stock gelegene Pool ist mit Cabanas umbaut. ■ 3708 S Las Vegas Blvd, Las Vegas, NV 89109, Tel. 702 698 75 75, www.cosmopolitanlasvegas.com

€€–€€€ | **NOBU** Ein kleines Boutiquehotel in einer großen Hotelanlage? Auch das gehört zum Portfolio von Las Vegas. Dieses Haus überrascht mit minimalistischem Design und japanischen Akzenten. Die allgemeine Anmutung eines Boutiquehotels wird durch die Zahl von weniger als 200 Zimmern gestützt. ■ 3570 S Las Vegas Blvd, Las Vegas, NV 89109, Tel. 1 800 727 49 23, www.caesars.com

Übernachten

Lake Tahoe 77

€€€ | **Hyatt Regency Lake Tahoe Resort, Spa & Casino** Offenes Feuer, viel Holz und schöner Naturstein verleihen dem Haus eine typisch amerikanische Gemütlichkeit, der Privatstrand am See bürgt für eine exklusive Aura. Die komfortablen Zimmer werden der Erwartungshaltung gerecht. ■ 111 Country Club Dr, Incline Village, NV 89451, Tel. 775 832 12 34, www.laketahoe.regency.hyatt.com

Reno 79

€ | **Silver Legacy** In diesem klassischen Casinohotel können sich die Gäste auf sachliche Zimmer verlassen. Die Spielautomaten befinden sich unter einer Halbkugel, die eine stilisierte Bergarbeiterstadt beherbergt. ■ 407 N Virginia St, Reno, NV 89501, Tel. 775 329 47 77, www.silverlegacyreno.com

€€ | **Whitney Peak** Designhotel in bester Lage. Das Interieur ist raffiniert, die Zimmer sind groß, es gibt keine Glücksspielautomaten, es wird auch nicht geraucht. Ach ja, das Hotel ist außerdem mit Kletterwänden ausgestattet. ■ 255 N Virginia St, Reno, NV 89501, Tel. 775 398 54 00, www.whitneypeakhotel.com

Loneliest Highway 81

€ | **Jail House Casino & Motel** Einfache Unterkunft mit großen, sauberen Zimmern. Das angeschlossene Casino befindet sich auf der anderen Straßenseite, das hauseigene Steakhouse in ehemaligen Gefängniszellen. ■ 211 5th St, Ely, NV 89301, Tel. 775 289 30 33, www.jailhousecasino.com

Boulder City 82

€ | **Boulder Dam Hotel** Das gediegene Haus diente einst den Dammarbeitern als Quartier. Heute ist es ein gut gelegenes Domizil mit geschmackvollen Zimmern. ■ 1305 Arizona St, Boulder City, NV 89005, Tel. 702 293 35 10, www.boulderdamhotel.com

ADAC *Das besondere Hotel*

Cobb Mansion Das Bed & Breakfast befindet sich in einer Villa aus dem Jahr 1876 und tut alles dafür, die Zeiten des Silberrauschs lebendig zu halten: Die öffentlichen Räume sind mit viktorianischem Mobiliar ausgestattet, auch eine alte Spieluhr und ein Grammofon gehören dazu. Wenn Cathy und Conny das reichhaltige Frühstück servieren, tragen sie alte Trachten. Die beiden sind Legenden im Ort.
€€ | *18 South A St, Virginia City, NV 89440, Tel. 775 847 90 06, www.cobbmansion.com*

Der Grand Canyon und Arizonas Norden

Vielfältige Urlaubsregion mit Bergen, Wäldern, historischen Städtchen und der Mutter aller Schluchten

Monumentale Landschaften verleihen dem Norden Arizonas eine andernorts kaum erreichte Faszination. Lebendige Städte, hohe Berge, endlose Wälder und eine nostalgiebeladene Straße steigern die Begeisterung noch weiter. Unumstrittenes Highlight ist der Grand Canyon, dessen Besuch aus mehreren Gründen gut geplant sein will: Der Besucherandrang ist enorm, die Temperaturen schwanken gehörig, und viele Aktivitäten erfordern ein Mindestmaß an Vorbereitung. Direkt in der Nähe verläuft mit der Route 66 die wohl bekannteste Straße der USA. Die »Mother Road« erinnert an ein Zeitalter, das von einer allgemeinen Aufbruchstimmung dominiert war, die auch der Gegenwart nicht schlecht zu Gesicht stehen würde. Die touristische Auferstehung der Route 66 hat in dem kleinen Dorf Seligman ihren Lauf genommen, doch auch in Kingman, Williams und Flagstaff lohnen Zwischenstopps. Flagstaff ist zugleich ein Paradebeispiel für die lebenswerte Kleinstadt, die in den USA sehr modern geworden ist: Eine lebendige Restaurantszene, viele Brauereien und eine fußgängerfreundliche City machen die Uni-Stadt so begehrenswert. Ach ja: Skilaufen kann man hier auch – bis tief in den April. Etwas weiter südlich reihen sich mit Sedona, Jerome und Prescott Städtchen aneinander, die unterschiedlicher kaum sein könnten. Kurzum: ein vorzügliches Terrain für einen Roadtrip.

In diesem Kapitel:

10 Grand Canyon 88
11 Seligman 91
12 Jerome 92
13 Sedona 93
14 Flagstaff 94
15 Petrified Forest National Park 96
16 Monument Valley 97
17 Page 98
Übernachten 99

ADAC Top Tipps:

Grand Canyon
| Schlucht |
Die gewaltige Schlucht, die der Colorado River ins Gestein gegraben hat, gehört zu den beeindruckenden

Landschaften des Planeten – sie ist 446 Kilometer lang, bis zu 29 Kilometer breit und 1,6 Kilometer tief. 88

 Monument Valley
| Landschaft |
Hoch auf dem Colorado-Plateau gelegen, bilden die wohlgeformten Tafelberge eine der ultimativen amerikanischen Landschaften. Der Anblick vor allem in der Dämmerung ist unvergesslich. 97

ADAC Empfehlungen:

 Historic Seligman Sundries, Seligman
| Café |
Das bunte Café gehört zu den Ikonen der Route 66. Es wird von einem deutschen Paar betrieben, das nicht ohne Stolz den besten Kaffee weit und breit serviert. 92

 Lowell Observatory, Flagstaff
| Sternwarte |
Der Himmel im Norden Arizonas wird kaum von Streulicht erhellt. In dieser Sternwarte wurde einst der Pluto entdeckt. 95

 Mother Road Brewing Company, Flagstaff
| Brauhaus |
Das Brauhaus in Flagstaff kultiviert die Geschichte der Route 66 und versteht sich auf die Herstellung eigener Biere. 95

 Antelope Canyon, Page
| Schlucht |
Regenwasser hat eine unterirdische Schlucht in den weichen Sandstein gegraben. Dieser sogenannte Slot Canyon verzaubert mit unwirklichen Farben und Formen. 98

10 Grand Canyon

Spektakulärer Blick in den Grand Canyon bei Dämmerung vom Toroweap Overlook

10 Grand Canyon

 Monumentale Schlucht mit unvergleichlichen Ausblicken

 Information

- www.nps.gov/grca, 35 $ pro Fahrzeug (Motorräder 25 $)

Der Grand Canyon ist nicht nur eine der populärsten Sehenswürdigkeiten des Planeten, sondern auch eine der größten: Die über Jahrmillionen vom Colorado River geformte Schlucht ist bis zu 1600 m tief, 29 Kilometer breit und sagenhafte 446 Kilometer lang. Der Anblick vor Ort ist überwältigender, als jede noch so vertraute Aufnahme dies vermitteln könnte. Leicht zugänglich aber ist der Canyon nicht. Besucher haben die Wahl zwischen dem Grand Canyon Village am South Rim, dem Reservat des indigenen Volkes der Hualapai (Grand Canyon West) und dem auf über 2500 m gelegenen North Rim. Aufgrund des immer weiter wachsenden Andrangs ist der Zugang von Süden und Westen seit einigen Jahren für private Autos gesperrt. Touristen müssen Shuttlebusse benutzen, um von einem formidablen Ausblick zum nächsten zu gelangen. Wandern und Radfahren sind indes gute Alternativen. Wer in den Canyon abzusteigen plant (etwa zur einfachen Phantom Ranch), sollte konditionell gut vorbereitet und mit einer verantwortungsvollen Ausrüstung sowie einer geeigneten Menge an Vorräten ausgestattet sein. Im Tal des spektakulären Colorado River warten weitere Abenteuer, allen voran Rafting-Touren.

Grand Canyon

 Sehenswert

Grand Canyon Village, South Rim
| Landschaft |
Die mit Abstand meisten Besucher erreichen den Grand Canyon am Grand Canyon Village am South Rim. Das mit einer vollständigen Infrastruktur ausgestattete Touristenzentrum ist mit dem Auto aus Williams (von Süden) oder aus Cameron (von Osten) erreichbar. Vom Parkplatz am Besucherzentrum sind es nur 300 m bis zum Mather Point, dem am leichtesten zugänglichen Ausblick in den Canyon.
■ Grand Canyon Visitor Center, S Entrance Rd, Grand Canyon Village, AZ 86023, tgl. 9–17 Uhr

Grand Canyon West
| Landschaft |
Im Westen wird der Grand Canyon graduell weniger überwältigend. Der Besuch eignet sich vor allem für Tagesgäste aus Las Vegas. Mit dem Auto geht es aus Richtung Dolan Springs über den Highway 93 durch teils spektakuläre Hügellandschaften und Joshua-Tree-Wälder ins Reservat des Hualapai-Volkes. Am Besucherzentrum wird ein individuelles Eintrittsgeld fällig. Von hier aus fährt ein Shuttlebus zu drei Attraktionen. Eagle Point ist der wohl schönste Aussichtspunkt. Hualapai Ranch ist ein stilisiertes Dorf mit einer klischeebeladenen Darstellung des indigenen Volks und der Cowboys. Das Eintrittsgeld für den Nationalpark entfällt hier.
■ 5001 Diamond Bar Rd, Peach Springs, AZ 86434, Tel. 928 769 26 36, www.grandcanyonwest.com, tgl. 7–19 Uhr (im Winter kürzer), Eintritt mit Skywalk 82,38 $, ohne ab 49,92 $, auch Pakete mit Rafting und Rundflügen

North Rim
| Landschaft |
Die Zufahrt aus dem Norden ist aufwendig (335 km ab Flagstaff) und eignet sich vor allem für Besucher, die aus den Nationalparks Utahs kommen. Aufgrund der Höhenlage von rund 2500 m dauert die Saison für Autofahrer nur von Mai bis September. Der Rundblick indes ist noch imposanter. Die Infrastruktur beschränkt sich auf eine Lodge, ein Motel und einen Supermarkt. Dafür finden Individualisten und Abenteurer ein dichtes Netz an spärlich benutzen Wegen und intakte Ökosysteme vor.
■ North Rim Visitor Center, AZ-67, North Rim, AZ 86023, Tel. 928 638 78 88, Sommer tgl. 8–18 Uhr

 Wandern

Rim Trail Der Rim Trail, ein gut 20 Kilometer langer Wander- und Radweg, der zum Teil asphaltiert ist, führt auch von Grand Canyon Village aus zu attraktiven Ausblicken, historischen Bauten wie Hermits Rest oder Lookout Studio. Außerhalb von Grand Canyon Village geht es dann intimer zu. Eine Wanderung kann auch mit dem Besuch per Shuttlebus kombiniert werden. ■ www.nps.gov, Stichwort »Rim Trail«

Gefällt Ihnen das?

Der Grand Canyon ist zwar nur schwer zu toppen, als ähnlich atemberaubend ist aber der **Black Canyon of the Gunnison** (S. 148) zu bezeichnen, der ebenfalls den Status eines Nationalparks genießt. Die Schlucht ist eng, dunkel und absolut faszinierend.

Bright Angel Trail Der populärste Weg hinab in den Grand Canyon ist der Bright Angel Trail, der ebenfalls in Grand Canyon Village startet. Er führt über 13 Kilometer und 1360 Höhenmeter zur Silver Bridge und von dort aus weiter zur Phantom Ranch, wo es durchschnittlich elf Grad wärmer ist.
■ www.nps.gov, Stichwort »Bright Angel Trail«

Restaurants

€€€ | **El Tovar** Rustikale Lodge mit großen Panoramafenstern und gutem Restaurant mit amerikanischer Küche. Aufgrund der großen Popularität unbedingt vorher reservieren! ■ 1 El Tovar Rd, Grand Canyon Village, Tel. 928 638 26 31, www.grandcanyonlodges.com, tgl. 7–21 Uhr

Die Grand Canyon Railway fährt von Williams nach Grand Canyon Village

ADAC *Mittendrin*

Grand Canyon wie die Einheimischen
Der Grand Canyon ist aufgrund des großen Andrangs für Privatfahrzeuge gesperrt. Doch im Winter gibt es eine Ausnahme: Von Dezember bis Februar darf man die Hermit Road befahren, die vom Grand Canyon Village zur alten Behausung Hermit's Rest führt. Viele Einheimische nutzen den ehemaligen West Rim Drive als Schlupfloch für ihre Besuche.

Kinder

Grand Canyon Railway Bahnfahrt ab Williams in verschiedenen Klassen.
■ Fahrtzeit pro Strecke ca. 2 Std., www.thetrain.com, 67–219 $, Kinder ab 32 $

Erlebnisse

Grand Canyon Airlines 45-minütiger Flug über weite Teile des Canyons.
■ Ab Grand Canyon Airport, 871 Liberator Dr, Grand Canyon Village, www.grandcanyonairlines.com, ab 159 $

In der Umgebung

Williams
| Stadt |
Als Einfallstor zum Grand Canyon ist Williams eine Alternative zu Flagstaff. Die Kleinstadt droht zwar von Souvenirläden für Route-66-Fans erdrückt zu werden. Doch ein paar authentische Lokale, die Lage inmitten von Wäldern und der Bahnhof der Grand Canyon Railway sprechen für einen Stopp.
■ 95 km südl. von Grand Canyon Village, www.experiencewilliams.com

11 Seligman

Ausgangspunkt für die Renaissance der Route 66, die Mutter aller Straßen

 Information

- www.seligmanazchamber.com

Fortschritt kann grausam sein: Als 1978 ein neuer Abschnitt des Interstate 40 fertiggestellt wurde, verloren das kleine Dorf Seligman und fast alle hier ansässigen Geschäftsleute von einem Tag auf den anderen ihre Daseinsberechtigung. Nur Angel Degadillo (*1927) wollte sich nicht damit final abfinden. Doch es sollte noch bis 1987 dauern, ehe der Friseur Vertreter aus anderen Städten mobilisierte, um mit ihnen den Antrag zu stellen, aus der Route 66 einen historischen Highway zu machen. Dies sollte sich schon bald als Startschuss für die Wiederbelebung der »Mother Road« erweisen. Schon bald wurden Seligman und andere Orte wieder von Reisenden besucht. Während Degadillo Heldenstatus erlangte, ist seine Heimat heute eine Pilgerstätte für Biker und Nostalgiker, die dem Amerika der Gegenwart eher wenig abgewinnen können.

 Sehenswert

Angel & Vilma's Original Route 66 Gift Shop
| Laden |

Vom Nummernschild über T-Shirts bis zum Kühlschrankmagneten sind in diesem Laden alle erdenklichen Andenken an die Route 66 zu haben. Angel Degadillos Friseursalon hat dadurch nur noch in einer Ecke Platz. Bis zuletzt aber erfreute er Besucher mit Geschichten über das goldene Zeitalter der legendären Straße.
- 22265 W Historic Route 66, Tel. 928 422 33 52, www.route66giftshop.com, tgl. 8–18 Uhr

Im Blickpunkt

Die Route 66

Nach ihrer Fertigstellung 1926 war die Route 66 die erste durchgehende Straßenverbindung von Chicago nach Los Angeles. Wer die Strecke mit dem Auto in Angriff nehmen wollte, hatte 3945 Kilometer vor sich – die perfekte Gelegenheit, ein Land von kaum vorstellbaren Ausmaßen kennenzulernen. Dazu gehören dynamische Städte ebenso wie mythische Landschaften und verschlafene Nester, die sich alle darauf eingestellt hatten, die Reisenden zu versorgen und zu beherbergen. So konnte die Route 66 binnen weniger Jahre zu einer amerikanischen Ikone aufsteigen. Der Bau von Autobahnen (Interstates) und die wachsende Bedeutung von Flugzeugen läuteten indes schon bald den Niedergang der Ost-West-Verbindung ein, der 1984 mit der Fertigstellung der letzten neun Kilometer des I-40 bei Williams in Arizona seine Vollendung fand. Zurück blieben Diners, Tankstellen, Motels und General Stores, die allesamt für ein zusehends in Vergessenheit geratendes Zeitalter stehen. Heute sind es vor allem Europäer, die sich von der »Mother Road« und der längst vergangenen Epoche angezogen fühlen.

11 Seligman

☕ Cafés

Historic Seligman Sundries Kaffee, Java, Espresso, Koffie: Europäer werden diese Worte ähnlich gern sehen wie Wüstenwanderer eine Oase. Tatsächlich wird in dem Café der beste Kaffee weit und breit serviert. Es wird in einem denkmalgeschützten Gebäude von einem deutschen Paar betrieben. ■ 22405 Historic Route 66, Tel. 928 600 01 23, www.seligmansundries.com, tgl. 9–18 Uhr

12 Jerome

Ehemaliges Minenstädtchen in dramatischer Umgebung

ℹ️ Information

■ Visitors Center, 310 Hull Ave, Jerome, AZ 86331, Tel. 928 634 29 00, www.jeromechamber.com

Die USA sind ein Land der Gegensätze. Während Sedona und andere für Touristen attraktiven Orte leicht zugänglich und kommerziell ausgerichtet sind, erinnert Jerome eher an ein iberisches Bergdorf. Viele Häuser sind auf abenteuerliche Weise in den Hang gebaut. Auf den Bergflanken gedeihen Ölbäume und Flieder. Die Straßen sind eng und steil. Und das Dorf mit seinen nicht einmal 500 Einwohnern umweht eine Aura der Eigenwilligkeit. Auf die Landkarte kam der Ort 1876, als zuerst Kupfer und später auch Silber und Gold gefunden wurden. Binnen weniger Jahre zählte Jerome rund 15 000 Einwohner. Das Mine Museum (200 Main St, www.jeromehistoricalsociety.com, tgl. 9–17 Uhr, 2/1 $) lässt die Zeiten des Booms lebendig werden.

👁 Sehenswert

Jerome State Historic Park
| Museum |
Im Park liegt das Wohnhaus von Jimmy Douglas (1837–1918). Der Bergbaumogul schöpfte in Jerome die größte Kupfermine Arizonas aus und gönnte sich einen Lehmziegelpalast.
■ 1100 Douglas Rd, Tel. 928 634 53 81, www.azstateparks.com, tgl. 8.30–17 Uhr, 7/4 $

🍴 Restaurants

€ | **Haunted Hamburger** Hier klettern Geister die Fassade hoch. Wer sich davor nicht fürchtet, kann Burger und andere Standardgerichte verspeisen.
■ 410 Clark St, Tel. 928 634 05 54, www.thehauntedhamburger.com, tgl. 11–21 Uhr

🎈 Events

World's Oldest Rodeo Seit 1888 ist Prescott rund um den Unabhängigkeitstag Austragungsort des ältesten Rodeos. ■ www.worldsoldestrodeo.com

🚗 In der Umgebung

Prescott
| Stadt |
1864 wurde Prescott erste Hauptstadt Arizonas. In den folgenden Jahrzehnten ging es hoch her – die Kneipenzeile Whiskey Row zeugt bis heute davon. Im Zentrum rund um das Gerichtsgebäude stehen bis heute gut erhaltene Backsteinbauten und viktorianische Holzvillen. Unumstrittene Attraktion Nummer 1 ist der Palace Saloon (www.historicpalace.com).
■ 55 km westl. von Jerome, www.visit-prescott.com

Die atemberaubende, rötlich leuchtende Devils Bridge bei Sedona im Abendlicht

13 Sedona

Spirituell ausgerichteter Touristenort in reizvoller Umgebung

Information

■ Visitor Information Center, 331 Forest Rd, Sedona, AZ 86336, Tel. 928 282 77 22, www.visitsedona.com, tgl. 8.30–17 Uhr

Mutige Marketingleute haben Sedona den »schönsten Ort auf Erden« getauft. Tatsächlich ist die Lage inmitten rötlich schimmernder Sandsteinformationen unumstritten grandios. Gleichzeitig aber leidet Sedona unter seiner Schönheit: Dem 10 000 Einwohner zählenden Städtchen fehlt ein historisch gewachsenes Zentrum (es gibt Uptown und West Sedona) und es ist bisweilen völlig überlaufen. Für jeden noch so abgelegenen Ausblick (besonders schön: die Airport Rd, Parkplatz 3 $) gilt es, Eintrittsgelder zu zahlen. Weil Sedona unter Amerikanern als besonders spirituell gilt, haben sich Tarot-Kartenleser, Fachgeschäfte für Räucherstäbchen und andere esoterisch angehauchte Erscheinungen bisweilen in etwas penetranter Dichte breit gemacht.

Sehenswert

Chapel of the Holy Cross
| Kirche |

Sehr sehenswerte katholische Kirche aus dem Jahr 1956, deren modernistische Linien die organischen Formen der umliegenden Gesteinsformationen auf kühne Weise ergänzen.
■ 780 Chapel Rd, www.chapeloftheholycross.com

13 Sedona

Red Rock Scenic Byway
| Straße |
Die zwölf Kilometer lange Straße führt durch Sedonas sehenswertes Umland.
■ Highway 179 zwischen Sedona (südl. Ortsausgang) und Interstate 17, www.redrockscenicbyway.com

Red Rock State Park
| Naturpark |
Naturreservat, zu dessen Vorzügen Felsformationen, grüne Wiesen und ein gut ausgebautes Wegesystem zum Wandern gehören.
■ 4050 Red Rock Loop Rd, Tel. 928 282 69 07, www.azstateparks.com, tgl. 8 Uhr bis Sonnenuntergang, 7/4 $

Restaurants

€€ | **Elote Café** Authentische Küche des Südwestens in gemütlichem Ambiente. Die Karte ist überschaubar und bietet Leckereien wie Schweinebauch-Tacos. ■ 771 State Route 179, Tel. 928 203 01 05, www.elotecafe.com, Di–Sa ab 17 Uhr

Einkaufen

Tlaquepaque Anlage mit Galerien, Läden und Restaurants, die an ein mexikanisches Dorf erinnern soll. ■ 336 State Route 179, Tel. 928 282 48 38, www.tlaq.com, tgl. 10–18 Uhr (Restaurants länger)

Erlebnisse

Pink Jeep Tours In Fahrzeugen mit markanter Lackierung das unwägbare Gelände erkunden. ■ 204 N State Route 89a, Tel. 0800 873 36 62, www.pinkadventuretours.com, 2 Std. ab 69/63 $

14 Flagstaff

Attraktive Stadt inmitten von Kiefernwald und Bergen

Information

■ Visitor Center, 1 E Route 66, Flagstaff, AZ 86001, Tel. 928 213 29 51, www.flagstaffarizona.org, Mo–Sa 8–17, So 9–16 Uhr

Historisches Gebäude im alten Stadtzentrum von Flagstaff

Flagstaff

Flagstaff liegt auf gut 2100 m Höhe inmitten des größten Nadelwalds der USA. Viele Besucher kennen die Universitätsstadt als Einfallstor zum Grand Canyon. Kenner wissen darüber hinaus, dass die 70 000-Einwohner-Stadt mit dem 3852 m hohen Humphreys Peak und der Arizona Snowbowl (20 km nördl., www.snowbowl.ski) ein attraktiver und beliebter Wintersportort ist.

Wer die mit Backsteinbauten, Cafés und Restaurants gut bestückte Downtown besucht, lernt auch sofort den Sound der Stadt kennen: Flagstaff war seit jeher ein Eisenbahnknotenpunkt – bis heute fahren kilometerlange Züge durch die Stadt. Auch die Route 66 hat ihre Spuren hinterlassen. Die Stadt eignet sich perfekt für eine Pause des Roadtrips von ein oder zwei Tagen.

 Sehenswert

Lowell Observatory
| Sternwarte |

Arizonas Nachthimmel in einer faszinierenden Sternwarte

Der Himmel im Norden Arizonas wird kaum von Streulicht erhellt. Dies machte sich bereits im Jahr 1894 der Astronom Percival Lowell zunutze, indem er auf einem Hügel bei Flagstaff eine mit modernen Teleskopen ausgestattete Sternwarte errichten ließ, in der im Jahr 1930 der Zwergplanet Pluto entdeckt wurde. Vor allem die abendlichen Besuche des Observatoriums sind sehr populär, sie gestatten Blicke in 130 Mio. Lichtjahre entfernte Galaxien.

■ 1400 W Mars Hill Rd, Tel. 928 774 33 58, www.lowell.edu, Mo–Sa 10–22, So 10–17 Uhr, 15/8 $

Museum of Northern Arizona
| Museum |

Mit Einführungen zu Geologie und Ökosystemen und der Kultur der indigenen Völker versteht sich das gut gemachte Haus als wissenschaftliches Fundament zum Besuch des Grand Canyon. Gezeigt werden Artefakte indigener Völker und naturgeschichtliche Exponate vom Colorado-Plateau.

■ 3101 N Fort Valley Rd, Tel. 928 774 52 13, www.musnaz.org, tgl. 10–17, So ab 12 Uhr, 12/8 $

 Restaurants

€€ | **Criollo Latin Kitchen** Lebendiges Lokal mit urigem Ambiente und schmackhaften Kreationen des Südwestens und einer extrem guten Salsa mit gegrillter Ananas (»Grilled Pineapple Chipotle«). ■ 16 N San Francisco St, Tel. 928 774 05 21, www.criollolatinkitchen.com, tgl. 11–21 Uhr

 Kneipen, Bars und Clubs

€ | **Mother Road Brewing Company** Die Referenz an die Route 66 ist das einzig museale Element der Mikrobrauerei mit Pizzeria und Biergarten. Besonders gut ist das hauseigene Kölsch. Wer Hunger hat, bestellt sich im Haus bei Proper Meats ein mit Fleisch aus kontrollierter Aufzucht belegtes Sandwich (www.propermeats.com). ■ 7 S Mikes Pike, Tel. 928 774 91 39, www.motherroadbeer.com, Di, Mi 14–21, Do 14–22, Fr, Sa 12–22, So 12–21 Uhr

 Sport

Arizona Snowbowl Skigebiet auf den San Francisco Peaks mit sechs Sesselliften. ■ www.snowbowl.ski

Flagstaff

In der Umgebung

Meteor Crater

| Krater |

Das Einschlagloch des Meteoriten Canyon Diablo ist etwa 180 m tief und hat einen Durchmesser von 1,2 Kilometern.

■ 57 km östl. von Flagstaff, Interstate 40 (Ausfahrt 233), Winslow, AZ 86047, www.meteorcrater.com, tgl. 7–19 Uhr (Winter 8–17 Uhr), 18/9 $

ADAC *Mittendrin*

Die Bier-Revolution

Lange Jahrzehnte wurde der Biermarkt in den USA von wenigen Konzernen beherrscht, die das Land mit süßlichen Gerstensäften versorgt und unter deutschen Besuchern ein Überlegenheitsgefühl gefestigt haben. Diese Zeiten scheinen jedoch ein für alle Male vorbei zu sein, nachdem 2017 mehr als 6300 Mikrobrauereien oder Brewpubs (mit angeschlossenem Ausschank) gezählt wurden. Weil in den USA kein Reinheitsgebot existiert, sind der Fantasie der Braumeister keine Grenzen gesetzt: Besonders häufig fließen verschiedene Spielarten des India Pale Ale (oder kurz IPA), aber auch Weizen nach belgischem Vorbild, Stout, Pils und neuerdings auch obergäriges Kölsch aus dem Zapfhahn. Städte wie Flagstaff, Denver oder Boulder haben regelrechten Stolz für ihre Biere entwickelt. Doch Vorsicht: Viele Gerstensäfte haben deutlich mehr Alkohol als daheim – und deutlich teurer sind sie auch.
www.brewersassociation.org

15 Petrified Forest National Park

Farbenfrohe Wüstenlandschaft mit vielen Fossilien

Information

■ Visitor Center, 1 Park Rd (direkt an der Ausfahrt der I-40), AZ 86028, Tel. 928 524 62 28, www.nps.gov/pefo, Straßen im Park tgl. 8–17 Uhr, 20 $ pro Fahrzeug

Der Einfallsreichtum der Natur kennt im Südwesten keine Grenzen. Allein dieser Park beherbergt mehrere verblüffende Spielarten. Zunächst sind da die namensgebenden Bäume, deren Alter Wissenschaftler auf 225 Mio. Jahre schätzen. Sie wurden von enormen Wasserfluten angespült und von siliziumhaltiger Vulkanasche überzogen, ehe sie verwittern konnten. Einige Stämme haben einen Durchmesser von mehr als 1,5 m – ihr Anblick ist ebenso bezaubernd wie ehrfurchtgebietend.

Nördlich des Interstate befindet sich innerhalb der Parkgrenzen auch die Painted Desert. Diese verdankt ihren Namen farbenfroh verwitterten Gesteinsschichten, die vor allem im Licht der Dämmerung sehr beeindruckend anzusehen sind.

Weitere Highlights des Nationalparks sind das im Adobe-Stil errichtete Painted Desert Inn (unweit des Besucherzentrums) sowie in der Parkmitte der Newspaper Rock, auf dem mehr als 650 Felszeichnungen verewigt sind. Etwas weiter südlich nimmt der Blue Mesa Trail seinen Lauf, der Autofahrer auf einer Strecke von fünf Kilometern durch die faszinierende Landschaft führt.

Monument Valley 16

 In der Umgebung

Canyon de Chelly National Monument
| Schlucht |

Wer sich auf dem Weg nach Norden befindet und nicht genug bekommen kann von überwältigenden Gesteinsformationen, findet auf dem Gelände des indigenen Volkes der Navajo ein Ensemble beeindruckender Felsenschluchten vor. Die drei Haupt-Canyons sind der Canyon de Chelly, der Canyon del Muerto und der Monument Canyon. Zwei Scenic Drives mit zehn Ausblicken ermöglichen die einfache Erkundung.

■ 170 km nördl. des Petrified Forest, Chinle, AZ 86503, Tel. 928 674 55 00, www.nps.gov/cach, immer geöffnet, kein Eintritt

16 Monument Valley

Mythische Landschaft mit skulptural anmutenden Tafelbergen

 Information

■ Visitors Center, 1,5 km östl. des Highway 163 an der Grenze von Arizona zu Utah, AZ 84536, www.utah.com/monument-valley, tgl. 6–20 Uhr (Winter 8–17 Uhr), 20 $ pro Fahrzeug

Die Tafelberge im Monument Valley sind eine beliebte Filmkulisse

Kaum ein Anblick im amerikanischen Südwesten ist vertrauter als das Monument Valley mit seinen bis zu 350 m hohen Tafelbergen. Die Hochebene verteilt sich auf das Territorium Utahs wie auch Arizonas und gehört vollständig zum Reservat des indigenen Volkes der Navajo. Ihr unverwechselbares Erscheinungsbild verdankt die Landschaft Gebirgsbildung, Sedimentation, Erosion und anderen natürlichen Prozessen, die seit mehr als 275 Mio. Jahren andauern.

Unzählige Western von Regisseuren wie John Ford, Sergio Leone sowie Dennis Hoppers »Easy Rider« haben die Landschaft auf Celluloid verewigt, die Werbebranche hat ihr Übriges zur Bekanntheit beigesteuert.

Besucher können das Monument Valley sowohl auf einfache Weise wie auch mit einigem Aufwand erkunden. So durchquert der Highway 163 von Kayenta nach Mexican Hat weite Teile des öffentlich zugänglichen Gebiets, wobei sich ein erhabener Anblick an den nächsten reiht. Tiefere Einsichten auch in den Lebensstil des Volkes gewährt der Park der Navajo.

16 Monument Valley

ADAC *Spartipp*

»America the beautiful«-Pass
Eintrittspreise von 25 bis 40 Dollar für alle Insassen eines Fahrzeugs mögen für den Zugang zu einem Nationalpark angemessen sein. Bei einer längeren Tour durch den Südwesten kann dabei aber ein stattlicher Betrag zusammenkommen. Wer schon bei der Planung weiß, dass wenigstens vier Parks auf der Liste der Reiseziele stehen, sollte den Kauf des »America the beautiful«-Passes in Erwägung ziehen. Der Pass ist online erhältlich, kostet 80 Dollar und ist ein Jahr in rund 2000 Einrichtungen des US National Park Service gültig.
www.store.usgs.gov/pass

 Sehenswert

Monument Valley Navajo Tribal Park
| Naturpark |

Abseits der Hauptstraße bietet der Park einen Rundkurs auf einer nicht asphaltierten Straße, der auch mit Pkw befahrbar ist. Am Wegesrand können Besucher Kunsthandwerk erwerben.
■ Visitor Center, 1,5 km östl. des Highway 163 an der Grenze von Arizona zu Utah, Tel. 435 727 58 70, www.navajonationparks.org, tgl. 7–19 Uhr, 20 $ pro Fahrzeug

 Erlebnisse

Wer das Monument Valley stilecht erkunden möchte, wählt einen Sattel auf dem Rücken eines Pferdes. Alternativ sind auch Jeep-Touren buchbar. ■ Navajo Tribal Park Visitor Center, Tel. 435 727 34 18, www.toursacred.com, Ausritt ab 80 $

17 Page

Perfekter Ausgangspunkt für gleich drei Attraktionen

 Information

■ Visitors Center, 6 N Lake Powell Blvd, Page, AZ 86040, Tel. 928 645 94 96, www.visitpagelakepowell.com

Page selbst hat nicht viel zu bieten. Doch in der Umgebung wartet der Ort mit einigen Sehenswürdigkeiten auf. Dazu gehört auch der Glen Canyon Dam. Die 220 m hohe Staumauer war die Grundlage für das Entstehen des Lake Powell (S.166). Das Bauwerk ist zu Fuß erreichbar und kann besichtigt werden (www.nps.gov/glca).

 Sehenswert

Antelope Canyon
| Schlucht |

 Unterirdische Schlucht mit unwirklichen Farben

Die enge Schlucht, ein sogenannter Slot Canyon, führt zwölf Kilometer südöstl. von Page durch atemberaubende Gesteinsschichten. Der Besuch ist ausschließlich im Rahmen einer von Navajo geführten Tour möglich.
■ 22 S Lake Powell Blvd, Tel. 928 645 91 02, www.antelopecanyon.com, Touren tgl. 7–16.30 Uhr, ab 45,50/35,50 $

Horseshoe Bend
| Landschaft |

Der Blick auf den Colorado River, der hier nach einer Schleife eine Kehre von 180 Grad vornimmt, gehört zu den Klassikern des Südwestens.
■ 7 km südl. von Page, Parkplatz am Highway 89, danach 1 km Fußweg

Übernachten

Die Domizile am Grand Canyon sind limitiert und sehr begehrt. Wer in unmittelbarer Nähe ein Zimmer buchen möchte, sollte sich so früh wie möglich darum kümmern. Weiter südlich nehmen Angebot und Bandbreite rapide zu – allein Flagstaff hat mehr als 5000 Hotelzimmer.

Grand Canyon 88

€€–€€€ | **Bright Angel Lodge & Cabins** Denkmalgeschütztes Anwesen aus dem Jahr 1935 aus Naturstein und Holz. Die Zimmer sind etwas altmodisch, doch die Lage am Canyon-Rand gleicht alles aus. ■ 9 Village Loop Dr, Grand Canyon Village, AZ 86023, Tel. 928 638 26 31, www.grandcanyonlodges.com

€€–€€€ | **El Tovar Hotel** Die schönste der drei Unterkünfte im Village wurde 1905 eröffnet und hat viele Vorzüge eines würdevollen Grandhotels. Eher bescheidene Zimmer. ■ 9 Village Loop Dr, Grand Canyon Village, AZ 86023, Tel. 888 297 27 57, www.grandcanyonlodges.com

Jerome 92

€€ | **Jerome Grand Hotel** Hoch über dem Ort gelegen, erinnert das Haus an europäische Grandhotels. Die Zimmer sind eher modern. ■ 200 Hill St, Jerome, AZ 86331, Tel. 928 634 82 00, www.jeromegrandhotel.net

€€ | **The Grand Highland Hotel** Historisches Ambiente, die Lage an der Whiskey Row und zeitgemäßes Interieur machen das Haus zu einer sicheren Bank. ■ 154 S Montezuma St, Prescott, AZ 86303, Tel. 928 776 99 63, www.grandhighlandhotel.com

Sedona 93

€€€ | **El Portal** Schwere, rustikale Möbel und der Charme des Südwestens prägen das kleine Hotel mit zwölf Zimmern. ■ 95 Portal Lane, Sedona, AZ 86336, Tel. 800 313 00 17, www.elportalsedona.com

Flagstaff 94

€–€€ | **Hotel Monte Vista** Die Leuchtreklame des Hotels dominiert die Innenstadt. In dem Haus hat schon Humphrey Bogart genächtigt. Die Zimmer sind einfach, farbenfroh und bezahlbar. ■ 100 N San Francisco St, Flagstaff, AZ 86001, Tel. 928 779 69 71, www.hotelmontevista.com

€€–€€€ | **The Inn at 410** Liebevoll geführtes Bed & Breakfast mit geräumigen Zimmern in fußläufiger Distanz zu Downtown. Tolles Frühstück. ■ 410 Leroux St, Flagstaff, AZ 86001, Tel. 928 774 00 88, www.inn410.com

Page 98

€ | **Lake Powell Motel** Wer Mut zur Geschichte hat, kann sich in diesem sympathischen Klassiker einmieten. Das Motel wurde für die Arbeiter des Glen Canyon Dam gebaut. ■ 750 S Navajo Dr, Page, AZ 86040, Tel. 480 452 98 95, www.lakepowellmotel.net

Phoenix und Süd-Arizona

Spektakuläre Wüstenlandschaften und weitläufige Städte geben dem Süden des Bundesstaats ein unverwechselbares Gesicht

Der Süden von Arizona gehört zum überwiegenden Teil zur mächtigen Sonora-Wüste. Bis zu 15 m hohe Saguaro-Kakteen und kahle Gebirgsketten prägen die Landschaft. Die Sonne scheint oft unbarmherzig in der trockenen Region, wo Wasser ein kostbares Gut ist. Auch dank ausgeklügelter Bewässerungssysteme sind in der unwirtlichen Region prosperierende Ballungsgebiete entstanden, allen voran Phoenix und seine Nachbarstädte. Das scheinbar unendliche Platzangebot und das angenehme Wüstenklima gehören für fast fünf Millionen Menschen zum Alltag. Vor allem in den gemäßigt temperierten Wintermonaten kommen Tausende »snowbirds« aus den nördlichen Bundesstaaten hinzu, die an den Swimmingpools oder auf den Golfplätzen Zuflucht vor der Kälte suchen. Auch im Frühling oder im Herbst kann man es sich in Scottsdale, Mesa oder Tucson gut gehen lassen – die Preise bewegen sich dann auf einem Niveau, das auch Nichtmillionäre verkraften können. So oder so ist die Wüste ein herrliches Revier für Roadtrips, nicht nur wegen der beeindruckenden Landschaften und der Vegetation, sondern auch wegen der stellenweise gut erhaltenen Kultur der Gründerzeit: Im Süden Arizonas kann man noch dem Wilden Westen nachspüren.

In diesem Kapitel:

- **18 Phoenix** 102
- **19 Scottsdale** 106
- **20 Tempe** 110
- **21 Organ Pipe Cactus National Monument** 111
- **22 Saguaro National Park** 112
- **23 Tucson** 113
- **24 Bisbee** 115
- Übernachten 116

ADAC Top Tipps:

 Scottsdale
| Stadt |

Die elegante Stadt ist von Bergketten und Wüstenparks umgeben. Ihr Zentrum ist fußgängerfreundlich und mit tollen Hotels ausgestattet, was den Besuch der guten Restaurants und luxuriösen Läden noch attraktiver macht. Scottsdale ist der ideale Ausgangspunkt, um den abwechslungsreichen Grand-Canyon-Staat Arizona zu erkunden. 106

ADAC Empfehlungen:

 Desert Botanical Garden, Phoenix
| Botanischer Garten |
Superbe Anlage zur Huldigung der Wüstenflora – von Opuntien über Orgelpfeifen- bis hin zu den mächtigen Saguaro-Kakteen – mit mehreren Wanderpfaden. 103

 Taliesin West, Scottsdale
| Bauwerk |
Das Meisterwerk von Amerikas stilprägendem Architekten Frank Lloyd Wright ist auch aus heutiger Sicht noch wegweisend. 107

 Organ Pipe Cactus National Monument
| Naturpark |
Weit entfernt von der Zivilisation können sich die riesigen Orgelpfeifenkakteen, die nur noch hier in der freien Natur wachsen, und andere Stars der Wüstenflora in voller Schönheit entfalten. 111

 Fourth Avenue, Tucson
| Straße |
Die Straße in Tucson scheint wie ein Überbleibsel aus dem Amerika vergangener Zeiten und ist auch heute noch eine kettenfreie Hochburg der Gegenkultur. 113

18 Phoenix
Wüstenstadt von kaum vorstellbarer Ausdehnung

Blick auf das Stadtzentrum von Phoenix mit den Papago Buttes

 Information

■ Visitor Center, 125 N 2nd St (Suite 120), Phoenix, AZ 85004, Tel. 602 254 65 00, www.visitphoenix.com, Mo–Fr 8–17 Uhr
■ Parken: siehe S. 104

Phoenix ist Wüstenstadt und Stadtwüste zugleich. Als Mittelpunkt eines Ballungsgebiets mit rund 4,8 Mio. Einwohnern breitet sich der Großraum von einem Ende zum anderen über mehr als 80 Kilometer aus. Zur »metropolitan area« gehören Scottsdale, Tempe, Mesa, Chandler und viele weitere Orte, die unabhängige Gemeinden sind, ohne Phoenix die Führungsrolle streitig machen zu können. Das gesamte Ballungsgebiet befindet sich in der Sonora-Wüste und es wird auf melodramatische Weise von Bergketten durchzogen, deren Silhouetten im Abendlicht wie die Relikte riesiger Reptilien wirken. Von sonnigem Wetter begünstigt und mit einer (künstlich bewässerten) Wüstenvegetation gesegnet, sind Phoenix und die Nachbarstädte für viele Amerikaner ein paradiesischer Wohnort – auch wenn die Wasserversorgung und der enorme Flächenverbrauch Dauerthemen sind. Für Besucher ist die Region nicht weniger faszinierend: Sie könnte sich kaum mehr von Europa unterscheiden.

Phoenix

Plan S.105

Sehenswert

1 Desert Botanical Garden
| Botanischer Garten |

Die einmalige Vegetation der Wüste im Schnelldurchgang

Die Wüste lebt. Nirgendwo wird das deutlicher sichtbar als in dieser Mischform aus Botanischem Garten und Landschaftspark an der Grenze von Phoenix zu Scottsdale. Von Opuntien über Orgelpfeifen- bis hin zu den mächtigen Saguaro-Kakteen können Besucher die Wüstenflora auf fünf thematisch abgegrenzten Rundwegen erkunden. Die schönste Zeit für einen Besuch ist von Ende März bis Ende Mai, wenn viele Gewächse in voller Blüte stehen. Im Sommer ist der Besuch aufgrund der extremen Temperaturen nur in den Tagesrandstunden eine Freude.

■ 1201 N Galvin Pkwy, Tel. 480 941 12 25, www.dbg.org, tgl. 7–20 Uhr, Eintritt 25/13 $

2 Heard Museum
| Museum |

Als eines der wichtigsten Museen seiner Art widmet sich das Haus Geschichte und Gegenwart der indigenen Völker Amerikas. Schwerpunkte liegen auf Brauchtum, Kultur und Kunst. Zu der qualitativ hochwertigen Sammlung, die in einem Gebäude im spanischen Kolonialstil gezeigt wird, gehören historische Artefakte, aber auch Exponate aus der jüngeren Vergangenheit. Wechselausstellungen runden das Portfolio ab, zudem gibt es einen schönen Skulpturengarten.

■ 2301 N Central Ave, Tel. 602 252 88 40, www.heard.org, tgl. 9.30–17 Uhr (So ab 11 Uhr), 1. Fr im Monat bis 22 Uhr, 18/7,50 $

3 Phoenix Public Market
| Markt |

Die neue Welt imitiert die alte: Auf dem 2005 etablierten Markt bieten Farmer unter freiem Himmel ihre Produkte an. Die Betreiber von Streetfood-Wagen und Cafés komplettieren das Angebot auf dem ungemein populären Markt.

■ 721 N Central Ave, Tel. 602 625 67 36, www.phxpublicmarket.com, Sa 8–12 Uhr (Winter bis 13 Uhr)

4 Heritage Square
| Platz |

Wer die unendlich erscheinende Ausdehnung von Phoenix heute erkundet, kann sich nur schwer der Vorstellung hingeben, dass hier zu Beginn des 20. Jh. nur wenige Häuser gestanden haben. Ein Häuserblock erinnert am Rand von Downtown an die Anfänge der Stadt. Im Schatten der Hochhäuser erscheint Heritage Square wie die Ausgrabung aus einer längst vergangenen Zeit. Das liebevoll restaurierte Rosson House Museum gestattet Einblicke in ein Wohnhaus aus viktorianischem Zeitalter und in die Stadtgeschichte.

■ Zwischen E Monroe und E Adams sowie N 6th und 7th St, Museum, Tel. 602 262 50 70, www.heritagesquarephx.org, Mi–Sa 10–16, So 12–16 Uhr, 9/4 $

Das restaurierte Rossom House Museum am Heritage Square

ADAC *Wussten Sie schon?*

Hauptstadt der Oldtimer

Das trockene Wüstenklima verlängert die Lebensdauer von Automobilen. Aufgrund dieser Faustregel konnte sich der Großraum Phoenix als Austragungsort für die weltweit wichtigsten Versteigerungen klassischer Automobile etablieren. Jedes Jahr im Januar pilgern Liebhaber von Oldtimern nach Arizona, um bei Auktionen wie Barrett-Jackson (www.barrett-jackson.com) oder Russo and Steele (www.russoandsteele.com) ihr Glück zu versuchen. Unter den Hammer kommen formschöne Limousinen aus den USA, aber auch schnittige Sportwagen aus Europa. Auch die Auktionen an sich sind ein Erlebnis.

5 Children's Museum of Phoenix
| Museum |

Interaktives Mitmachmuseum für Kinder und Jugendliche auf drei Stockwerken mit Hunderten von Aktivitäten, darunter ein »Nudelwald«, den Kinder durchstreifen können, ein Kunststudio und ein Bereich, in dem sie Forts aus Stoff bauen können.

■ 215 N 7th St, Tel. 602 253 05 01, www.childrensmuseumofphoenix.org, Di–So 9–16 Uhr, 12 $

P Parken

Vielerorts sind die Parkplätze in Phoenix kostenlos. In Downtown gibt es 25 000 kostenpflichtige Parkplätze, 1–1,5 $/Std. ■ www.phoenix.gov/streets/parking-meters

Phoenix 18

 Verkehrsmittel

Im Großraum Phoenix fährt eine Stadtbahn (Light Rail), die bis nach Tempe, Mesa und zum Flughafen Sky Harbour führt. ■ www.valleymetro.org

 Restaurants

€ | **Desoto Central Market** In einem restaurierten Autohaus entfachen acht Lokale ein kulinarisches Feuerwerk. ■ 915 N Central Ave, Tel. 602 680 7747, www.desotocentralmarket.com, tgl. 8–24 Uhr, Plan S. 105 nördl. von b1

€€€ | **Durant's** Das 1950 eröffnete Steakhouse ist bis weit über die Grenzen der Stadt hinaus eine Legende. ■ 2611 N Central Ave, Tel. 602 264 5967, www.durantsaz.com, Mo–Fr 11–22, Sa, So 16–22 Uhr, Plan S. 105 nördl. von b1

 Einkaufen

Chandler Premium Outlets Outlet-Mall mit rund 90 Läden hochwertiger Marken. ■ 4976 Premium Outlet Way, Chandler, AZ 85226, Tel. 480 639 17 66, www.premiumoutlets.com, Mo–Sa 10–21, So 10–19 Uhr, Plan S. 105 südöstl. von c3

 Events

World Championship Hoop Dance Contest Das Heard Museum ist Austragungsort der Weltmeisterschaft im Reifentanz, zu der viele indigene Völker anreisen. ■ www.heard.org

19 Scottsdale
Mondäne Stadt mit fußgängertauglichem Kern

Typische Ladenfront in Oldtown Scottsdale mit Galerien, Shops und Lokalen

i Information

■ Tourist Information Center, 7014 E Camelback Rd (am Food Court der Fashion-Square-Mall), Scottsdale, AZ 85251, Tel. 480 421 10 04, www.experiencescottsdale.com, Mo–Sa 9–18, So 10–17 Uhr
■ Parken: siehe S. 108

 Glamouröse Wüstenstadt mit europäischer Anmutung

Mit seiner Weitläufigkeit, dem schachbrettartigen Entwurf und den breiten Straßen mutet Scottsdale sehr amerikanisch an. Doch der erste Eindruck täuscht: Die Stadt im Norden von Phoenix besitzt einen Kern, der sich gut zu Fuß erkunden lässt: Old Town Scottsdale und die am Arizona Canal gelegene Waterfront liegen dicht beieinander – perfekt für eine Pause während eines Roadtrips. In Scottsdale ist es gar ein Privileg, in der City zu wohnen und aufs Auto zu verzichten. »It's so european«, sagen viele Einheimische über diesen Lebensstil. Auch Gesundheitsbewusstsein, ein Sinn für Nachhaltigkeit und Bewegungsfreude zeugen von einer Andersartigkeit. Während Amerikaner gern im Winter zum Golfen nach Scottsdale kommen, scheuen Europäer die heißen (und viel günstigeren) Sommermonate nicht.

Scottsdale

Plan S. 109

② Scottsdale's Museum of the West
| Museum |

Die moderne Variante des Heimatmuseums thematisiert die Vergangenheit in hohen Räumen u.a. mit Filmplakaten, Multimediaeinspielungen und moderner Kunst. Sehenswert!

■ 3830 N Marshall Way, Tel. 480 686 95 39, www.scottsdalemuseumwest.org, Di–Sa 9.30–17, Do bis 21 (nur Nov.–Apr.), So 11–17 Uhr, 15/8 $

③ Waterfront
| Stadtviertel |

Seit die Straßen zu beiden Ufern des Arizona-Kanals mit Läden, Galerien, Restaurants, Springbrunnen und Palmen aufgehübscht wurden, brummt die Waterfront.

■ Zwischen N Scottsdale Blvd, N Goldwater Blvd, E Camelback Rd und E 5th Rd, www.scottsdalewaterfrontshopping.com

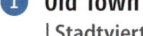 Sehenswert

① Old Town Scottsdale
| Stadtviertel |

Die ältesten Straßen der Stadt sind nach europäischen Vorstellungen zwar nicht wirklich alt. Wohl aber widmen sich die Läden und Galerien indigenen Völkern, Cowboykultur und anderen Phänomenen der amerikanischen Vergangenheit. Restaurants, Bars und Clubs komplettieren das Angebot des populären (und ziemlich touristischen) Ausgehviertels.

■ E Main St, E 1st St und E 1st Ave zwischen N Brown Ave und N Marshall Ave, www.oldtownscottsdale.com

④ Taliesin West
| Bauwerk |

 Meisterwerk des Architekten Frank Lloyd Wright

Als Frank Lloyd Wright sein stilprägendes Präriehaus 1937 vollendet hatte, war herum nichts als felsige Wüste. Bald darauf sollte sich der Stararchitekt über die Beeinträchtigung des Panoramas durch Hochspannungsmasten beschweren. Heute steht das Wohnhaus und Atelier am Rand einer Mega-Stadt. Von seiner visionären Kraft hat das Meisterwerk nichts eingebüßt.

■ 12621 N Frank Lloyd Wright Blvd, Tel. 480 627 53 75, www.frankIloydwright.org, tgl. 8.30–18 Uhr, Touren ab 34 $

19 Scottsdale

ADAC *Spartipp*

Happy Hour
Das Leben in den Städten der Schönen und Reichen hat seinen Preis. Doch auch die Einwohner von Scottsdale und anderen bevorzugten Wohnorten der Elite möchten nicht für jedes Mahl tief in die Tasche greifen. Das wissen auch die Gastronomen: Um ihre Tische auch in den Tagesrandzeiten voll besetzen zu können, locken sie das Publikum mit Happy Hours. Meist zwischen 16 und 19 Uhr kosten Appetizer, Cocktails und anderes nur die Hälfte oder noch weniger des Normalpreises. Ein Sparmodell, das in den USA weitverbreitet ist.

 McDowell Sonoran Preserve
| Naturpark |

Mit über 120 Quadratkilometer Fläche und einem Wegesystem von mehr als 300 Kilometern gehört das Naturreservat zu den größten urbanen Naturparks der USA. Landschaft, Flora und Fauna der Sonora-Wüste können sich hier ungehindert entfalten. Von den Wegen hat man einen schönen Blick auf das Tal und Scottsdale.
■ 18333 N Thompson Peak Pkwy, Tel. 480 998 79 71, www.mcdowellsonoran. org, tgl. Sonnenauf- bis -untergang

 Parken

Das Parken in Scottsdale ist für einen begrenzten Zeitraum (meist 3 Std.) an fast allen Straßen kostenlos möglich, darüber hinaus gibt es mehr als 3000 kostenlose Parkplätze in der City.

 Verkehrsmittel

Vier kostenlose Trolley-Busrouten verbinden die wichtigsten Sehenswürdigkeiten miteinander. Die Busse in Downtown fahren täglich von 10–21 Uhr. ■ www.scottsdaleaz.gov/trolley

Restaurants

€ | **Craft 64** Hausgemachte Pizza aus dem Holzofen und eine große Auswahl an Craft-Bieren sorgen Tag für Tag für volle Tische – zum Teil unter freiem Himmel. ■ 6922 E Main St, Tel. 480 946 05 42, www.craft64.com, tgl. 11–23 Uhr, Plan S. 109 a3

€ | **Modern Market** Gesunde Nahrungsmittel für jede Form der Ernährung. Von vegan über paleo bis zu »high carb« werden gesunde Nahrungsmittel verwendet, die von Farmen kommen und nicht aus Fabriken stammen. Vom Salat über das Curry bis hin zur leckeren Pizza werden bei allen Gerichten genaue Angaben zum Nährwert gemacht. ■ 4821 N Scottsdale Rd, Tel. 480 947 11 31, www.modernmarket. com, tgl. 8–21 Uhr, Plan S. 109 nördl. von a1

€–€€ | **Postino Highland** Italienische Leckereien in Tapas-Größe mit umfangreicher Weinkarte und gestyltem Ambiente. Spezialität sind extravagante Bruschetta. Happy Hour vor 17 und Mo, Di nach 20 Uhr. ■ 4821 N Scottsdale Rd, Tel. 602 428 44 44, www.postinowine cafe.com, Mo–Do 11–23, Fr 11–24, Sa 9–24, So 9–22 Uhr, Plan S. 109 nördl. von a1

 Cafés

Creamistry Unter Zuhilfenahme von gefrorenem Stickstoff und mit viel Tamtam stellen Eismeister binnen weniger Minuten aus frischen Zutaten

individuelle Kreationen her. Der letzte Schrei! ■ 7135 E Camelback Rd, Tel. 480 664 05 68, www.creamistry.com, So–Do 12–22, Fr, Sa 12–23 Uhr, Plan S. 109 a1

back Rd, Tel. 480 941 21 40, www.fashionsquare.com, Mo–Sa 10–21, So 11–18 Uhr, Plan S. 109 a1

 Einkaufen

Fashion Square Die größte Shoppingmall Arizonas zählt mehr als 225 Läden auf drei Etagen. Viele Luxusmarken buhlen um die Dollars des zahlungskräftigen Publikums. ■ 7014 E Camel-

 Entspannung

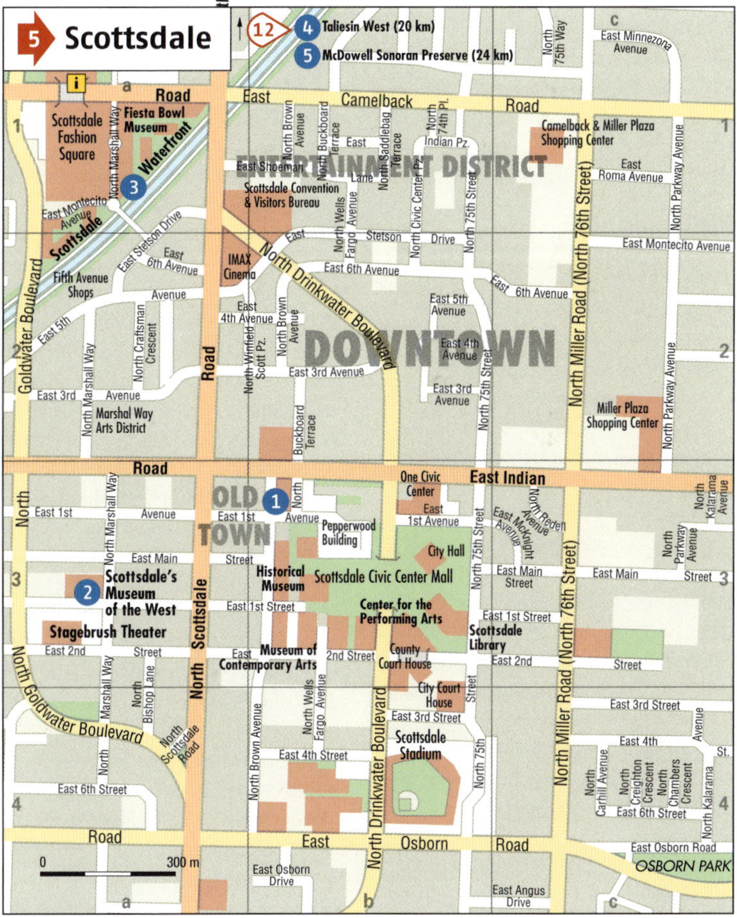

Sanctuary Spa Die Wellness-Einrichtungen werden von Fachpublikationen regelmäßig gelobt: Der Infinity Pool an den Flanken der Camelback Mountains gestattet einen tollen Blick auf Phoenix, die Massagen und Schönheitsbehandlungen erlauben derweil innere Einkehr. ■ **Sanctuary Resort**, 5700 E McDonald Dr, Paradise Valley, AZ 85253, Tel. 855 245 20 51, www.sanctuaryoncamelback.com, Plan S. 109 nordwestl. von a1

Erlebnisse

Art Walk Jeden Donnerstag sind die teilweise ziemlich kitschigen Galerien in Old Town von 17–19 Uhr zum Art Walk geöffnet – mit Vernissagen, Snacks und Drinks. ■ www.scottsdalegalleries.com, Plan S. 109 ab3

Scottsdale Wine Trail In Arizona wird Wein angebaut? Ja – und zwar durchaus keine minderwertigen Gewächse. Zwar ist die Anzahl der kontrollierten Anbaugebiete noch auf zwei beschränkt, doch vor allem die Rebsorten aus dem Rhone-Tal und aus der Toskana machen sich gut an den Bergflanken. In Scottsdale haben sich fünf Winzer niedergelassen, um mit Verkostungslokalen (und angeschlossenen Shops) eine Probierroute zu formieren. ■ www.scottsdalewinetrail.com

Tempe

Lebendige Studentenstadt mit einem Stausee in der Mitte

Information

■ **Tourism Office**, 222 S Mill Ave, Tempe, AZ 85281, Tel. 800 283 67 34, www.tempetourism.com, Mo–Fr 8.30–17 Uhr

Mehr als 70 000 Studenten besuchen die Arizona State University mit Hauptsitz in Tempe. Das bürgt seit Jahrzehnten für ein lebendiges Zentrum, dessen unbestrittene Hauptstraße die South Mill Avenue ist. Zwar mussten billige Buchhandlungen und sympathische Bars inzwischen kapitalkräftigeren Unternehmen weichen. Doch in den Bars und Restaurants geht es immer noch hoch her. Mit der Höhe der Gebäude ist auch die Infrastruktur gewachsen: Tempe wird von einer Light Rail bedient, der Straßenbahn der Gegenwart. Auch sonst zeigt die Stadt Charakter: Das Stadtzentrum ist durch den nahen Hügel (Tempe Butte) stets gut zu erkennen. Westlich daneben steht die Ruine eines Getreidespeichers, dem die Mill Avenue ihren Namen verdankt. Auf der anderen Seite befindet sich das riesige Football-Stadion der Arizona State Sun Devils. Ein wenig merkwürdig bleibt indes, dass die Studenten ganz in der Nähe Stand-up-Paddling und andere Wassersport-

---

ADAC Mobil

Valet Parking

Den eigenen Wagen selbst abstellen? Dieser beschwerliche Akt gehört in den USA weitgehend der Vergangenheit an. Wer im gepflegten Hotel oder im vornehmen Restaurant vorfährt, überlässt das Parken dem eigens dafür abgestellten Personal. Schlüssel abgeben, Beleg in Empfang nehmen – und schon kann das Vergnügen losgehen. Auch bei Sport-Events und in Einkaufszentren erfreut sich diese Dienstleistung großer Beliebtheit. Mit Preisen zwischen sieben (Restaurant) und 35 Dollar (Großstadt) kann der Service freilich auch ein Loch ins Budget reißen. Wenn Sie das Geld sparen möchten, scheuen Sie sich nicht, das Personal nach Alternativen zu fragen.

arten ausüben können: Mitten in Tempe ist der Salt River zu einem See aufgestaut.

 Restaurants

€ | Pedal Haus Brewery Von Hummus bis zu geräucherten Rippchen serviert das Haus alles, was Studenten sättigt. Die Bierauswahl ist ebenso groß wie die Anzahl von Plätzen im Freien. ■ 730 S Mill Ave, Tel. 480 314 23 37, www.pedalhausbrewery.com, So–Mo 11–23, Fr, Sa 11–1 Uhr

 Konzert

ASU Gammage Der multifunktionale Konzertsaal für 3000 Zuschauer war eine der letzten Auftragsarbeiten von Frank Lloyd Wright. ■ 1200 S Forest Ave, Tel. 480 965 34 34, www.asugammage.com

 Einkaufen

Zia Records Tolles Fachgeschäft für Vinylschallplatten, Kassetten, Comics und Pop-Literatur. ■ 3201 S Mill Ave, Tel. 480 829 19 67, www.ziarecords.com, tgl. 10–24 Uhr

21 Organ Pipe Cactus National Monument

⑬ *Abgelegene Wildwestlandschaft mit Kakteenwäldern*

 Information

■ Kris Eggle Visitor Center, 10 Organ Pipe Dr, Ajo, AZ 85321, Tel. 520 387 68 49, www.nps.gov/orpi, tgl. 8–17 Uhr, 12 $ pro Fahrzeug

Im Blickpunkt

Die indigenen Völker Amerikas

Indianer? Dieses Wort beruht auf einem Missverständnis aus dem 15. Jh. Zwar wird das Wort auch heute noch oftmals als Oberbegriff für die Ureinwohner Nordamerikas verwendet. Auch Bezeichnungen wie »native americans«, »american indians« oder »first nations« (überwiegend in Kanada) kursieren als Alternativen. Wer jedoch persönlich nachfragt, erfährt ohne Umschweife, dass diese am liebsten als »Mitglieder des indigenen Volkes« zum Beispiel der Navajo oder der Apachen angesprochen werden. Nur diese Bezeichnung werde der Vielfalt gerecht – allein in Arizona existieren schließlich 22 staatlich anerkannte Völker. Etwa 44 000 Mitglieder indigener Völker leben im Großraum Phoenix. Wer sich für ihre Geschichte und Kultur interessiert, ist im Heard Museum (S. 103) gut aufgehoben.

Die charakteristischen Wüstenlandschaften Arizonas sind faszinierend. Am intensivsten wirken sie in diesem grenzübergreifenden Biosphärenreservat. Das liegt nicht allein an den melodramatischen Konturen der Bergzüge, sondern auch an der Abgeschiedenheit der Region: Mehr als 200 Kilometer südwestl. von Phoenix im Grenzgebiet zu Mexiko gelegen, ist das im Jahr 1937 zum Nationaldenkmal erhobene Areal einer der letzten Rückzugsräume in den USA, wo die

21 Organ Pipe Cactus National Monument

Im Blickpunkt

Die Vegetation des Südwestens

Die Pflanzenvielfalt gehört zu den großen Attraktionen des Südwestens. Am auffälligsten ist der Saguaro-Kaktus, dessen majestätisches Erscheinungsbild zu einem Wahrzeichen geworden ist. Doch auch die Orgelpfeifenkakteen, Yuccas und der einzigartige Joshua Tree sind in der Wüste Arizonas und Nevadas weitverbreitet. Die beste Reisezeit für Pflanzenfans ist der April, wenn viele Wüstengewächse blühen. Am sichtbarsten sind die gelblich-grünen Blüten des Palo-Verde-Baums. Doch auch die vielen Opuntien, der Goldkugelkaktus oder die Kerzen-Palmlilie beeindrucken mit wunderbaren Blüten. Am schnelllebigsten sind die Blüten der ältesten Pflanzen: Die weißen Austriebe der Saguaros öffnen sich kurz nach Mitternacht, um am nächsten Tag wieder zu verblühen.

Orgelpfeifenkakteen noch in großen Stückzahlen gedeihen. Strauchartig wachsend, erreichen diese meist eine Höhe von fünf bis sechs Metern.

Die Orgelpfeifen müssen in dem Biosphärenreservat die Gesellschaft von nicht weniger als 26 weiteren Kakteenarten »dulden« – darunter eine große Anzahl majestätischer Saguaros. Das Befahren der Nord-Süd-Trasse durch den Park ist vor allem im Abendlicht ein meditatives Erlebnis. Andere Rundstrecken (wie der 35 km lange Ajo Mountain Drive) sind nicht asphaltiert. Der Puerto Blanco Drive verläuft über 55 Kilometer zum Teil in nur wenigen Metern Entfernung zur mexikanischen Grenze.

Der Grenzübertritt in den mexikanischen Teil des Naturreservats ist zwar theoretisch in Lukeville möglich, allerdings wird eine spezielle Versicherung benötigt, die nicht für Mietwagen erhältlich ist.

22 Saguaro National Park

Zweigeteilter Park zur Huldigung von Arizonas Wahrzeichen

Information

■ Red Hills Visitor Center, 2700 N Kinney Rd, Tucson, AZ 85743, Tel. 520 733 51 58, www.nps.gov/sagu, tgl. 9–17 Uhr, 15 $ pro Fahrzeug

Nicht weit entfernt von den Grenzen der Großstadt Tucson erheben sich zwei Bergketten, die 1994 zum Teil den Status eines Nationalparks erhalten haben. Beide Sektionen liegen knapp 50 Kilometer auseinander. Durch die Nähe zu Tucson ist hier im Unterschied zum Organ Pipe Cactus National Monument (S.111) das Gefühl der Abgeschiedenheit nicht sonderlich ausgeprägt. Dafür ist der Park so leicht zugänglich, dass man ihm auch auf der Durchreise einen Besuch abstatten kann. Das gilt insbesondere für den Tucson Mountain District im Westen, der nur ein paar Autominuten von anderen Attraktionen entfernt ist. Hier locken ein interessantes Besucherzentrum, einige kurze Leerpfade sowie der Bajada Loop Drive, der über knapp neun Kilometer durch die Hügel führt. Die Straße ist nicht asphaltiert und stellenweise etwas ruppig, aber unter normalen Umständen auch mit einem Pkw befahrbar. Der Rincon Mountain District im Osten ist um einiges schroffer, er liegt höher und wird gemeinhin weniger besucht.

23 Tucson

In Arizonas zweitgrößter Stadt lebt die Gegenkultur

Information

■ Visitor Center, 811 N Euclid Ave, Tucson, AZ 85701, Tel. 800 638 83 50, www.visittucson.org, tgl. 9–17 Uhr

Mit mehr als 530 000 Einwohnern ist Tucson die zweitgrößte Stadt Arizonas. Anders als im konservativen Phoenix frönen hier viele Menschen einem fortschrittlichen oder alternativen Lebensstil. Bester Beweis hierfür ist die Fourth Avenue, doch auch Downtown Tucson strotzt vor allem an Wochenenden vor Lebensfreude. Beeindruckend ist die spanische Missionskirche San Xavier del Bac (www.sanxaviermission.org) aus dem Jahr 1797.

ADAC *Spartipp*

Kühlbox im Kofferraum
Wer stilecht durch den Südwesten reisen möchte, kommt an einer Kühlbox kaum vorbei. Bei einer Reise durch die klimatischen Extreme der Wüste ist es von Vorteil, stets kaltes Wasser dabei zu haben. Außerdem ist der Einkauf im Supermarkt deutlich preiswerter als an einer Tankstelle. Weiterer Vorteil: Bei der Ankunft im Hotel sind auch Bier und Wein auf Trinktemperatur. Im Zimmer wartet dann meist ein leerer Kühlschrank darauf, die mitgebrachten Getränke auf Temperatur zu halten. Dies nur, falls Sie sich schon mal gefragt haben, was man als Hotelgast mit einem leeren Kühlschrank anfangen soll.

Sehenswert

Arizona Sonora Desert Museum
| Naturpark |
Schon seit 1952 verschreibt sich diese Einrichtung der Dokumentation und Konservierung aller in der Sonora-Wüste vorkommenden Lebensformen. Zoo, Botanischer Garten und Museum sind gleichberechtigte Teile.
■ 2021 N Kinney Rd, Tel. 520 883 27 02, www.desertmuseum.org, tgl. 7.30–17 Uhr (Winter ab 8.30 Uhr), 23/8 $

Fourth Avenue
| Straße |

Die ehemalige Hippie-Hochburg ist bis heute unangepasst
In den 1960er- und 1970er-Jahren war die Straße eine Hochburg der Gegenkultur. Das hat sich bis heute kaum

Haus im spanisch-mexikanischen Stil im Stadtviertel El Presidio

geändert: Wer über die Fourth Avenue flaniert, kommt vorbei an Schallplattengeschäften und Buchhandlungen. Es riecht nach Räucherstäbchen und Vintage-Klamotten. Die Restaurants haben vegane und glutenfreie Speisen im Angebot. Und die Ketten, die sonst ganz Amerika dominieren, müssen draußen bleiben. Herrlich!

■ www.fourthavenue.org

El Presidio
| Stadtviertel |
Nordwestlich von Downtown stehen einige der ältesten kontinuierlich bewohnten Gebäude des amerikanischen Westens. Die Lehmziegelbauten stammen aus der Zeit um 1775 und sind im spanisch-mexikanischen Stil gehalten. Das Tucson Museum of Art (140 N Main Ave, www.tucsonmuseumofart.org) bietet Führungen durch das Viertel an (Okt.–April, Mi, Do 11 Uhr).

■ Zwischen W 6th St, W Alameda St, N Stone Ave und Granada Ave, www.nps.gov/nr

 Verkehrsmittel

Eine Light Rail (Straßenbahn) verbindet vier wichtige Stadtteile Tucsons miteinander. ■ Tagesticket 4,50 $, www.sunlinkstreetcar.com

 Restaurants

€ | **Obon** Fusion-Food-Lokal mit offener Küche. Die Gäste bestellen gern Poké, eine Spezialität aus Hawaii. ■ 350 E Congress St, Tel. 520 485 35 90, www.fukushuconcepts.com/obon, Mo–Fr 11–23, Sa 16–24, So 16–23 Uhr

€€ | **Cafe Poca Cosa** Einfallsreiche mexikanische Küche in coolem Ambiente. ■ 110 E Pennington St, Tel. 520 622 64 00, www.cafepocacosatucson.com, Di–Sa 11–21/22 Uhr

 Einkaufen

Old Town Artisans In einem Block von El Presidio haben sich sympathische Läden niedergelassen, die einen hübschen Patio mit dem Lokal La Cocina einrahmen. ■ 201 N Court Ave, www.oldtownartisanstucson.com

Kinder

Old Tucson Der Wilde Westen lebt – zumindest am Stadtrand von Tucson. In dieser Mischform aus Filmstudio, Freilichtmuseum und Themenpark rollen die Pferdekutschen und ziehen die Cowboys ihre Colts. Die Straßen und Gebäude dienten bereits oft als Filmkulisse. Das Ganze ist nett gemacht und sollte kleinen wie großen Kindern gut gefallen. ■ 201 S Kinney Rd, Tel. 520 883 01 00, www.oldtucson.com, wechselnde Öffnungszeiten, siehe Website, 20/10 $

Bisbee

Das charmante Städtchen liegt inmitten steiler Berge

Information

■ Visitor Center, 478 Dart Rd, Bisbee, AZ 85603, Tel. 520 432 35 54, www.discoverbisbee.com

Nahe an der mexikanischen Grenze überrascht Bisbee im äußersten Südwesten von Arizona mit einer ungewöhnlichen Topografie. In ihrer Blütezeit Anfang des 20. Jh. war das heute 6000 Einwohner zählende Städtchen ein prosperierender Fundort von Gold, Silber und Kupfer. Das Mining & Historical Museum (www.bisbeemuseum.org) wirft einen Blick zurück in diese Zeit. Geblieben sind weiterhin von Backsteinbauten flankierte Straßenzüge, teils skurrile Läden, gute Restaurants und Cafés, interessante Galerien sowie in den steilen Berg gebaute Häuser. Das Gesamtensemble wird immer wieder gern als Filmkulisse verwendet. Weil Bisbee auf 1800 m Höhe liegt, ist es hier um einige Grad kühler als in Tucson.

In der Umgebung

Tombstone
| Wüstenstadt |

Einst ist es hoch hergegangen in dieser Boomtown des Wilden Westens. Heute dienen die authentisch erhaltenen Straßenzüge als Spielwiese für Cowboy-Darsteller, Kutscher und Saloon-Inhaber. Das Ganze ist sehr touristisch, aber durchaus sympathisch und kostenlos zugänglich.
■ www.tombstoneweb.com

ADAC *Mobil*

Eine zweite Grenze

Der Kampf gegen Drogen und vermeintlich illegale Einwanderer aus Mittel- und Südamerika ist schon lange ein großes Thema an der Grenze zwischen den USA und Mexiko. Wer im äußersten Süden von Arizona und New Mexico unterwegs ist, muss sich daher auf zusätzliche Kontrollen einstellen. Auf den Strecken von Bisbee, Tombstone oder Nogales zurück in den Norden wurden sogar stationäre Grenzposten eingerichtet, wo ausgebildete Drogenhunde die Fahrzeuge umkreisen. Dies sollte jedoch kein Grund für Nervosität sein. Die Passagiere aller Fahrzeuge sollten nur darauf vorbereitet sein, Fragen zu beantworten und ihren Reisepass vorzuzeigen.

Phoenix und Süd-Arizona

Übernachten

Südarizona ist wegen seines Klimas vor allem für Amerikaner ein eigenständiges Reiseziel. Entsprechend groß ist das Angebot an Resorts, die ihre Gäste mit Poollandschaften und Golfplätzen locken. Der unbefangene Aufenthalt unter freiem Himmel allerdings ist wegen der Hitze nur von Dezember bis April möglich. In dieser Hauptsaison können auch die Preise vor allem in den Luxushochburgen Scottsdale und Phoenix extrem teuer ausfallen. Zimmerpreise von über 500 Dollar sind dann keine Seltenheit, die anderen Monate sind deutlich preiswerter. Neben den Resorts zählen auch eine wachsende Zahl von Boutiquehotels sowie die üblichen Kettenhotels zur Angebotspalette, auch hier gelten die saisonalen Unterschiede.

Phoenix 102

€€–€€€ | **The Camby** Designhotel im Stadtteil Biltmore. Die Gäste der nach Norden ausgerichteten Zimmer blicken auf die charakteristischen Camelback Mountains. Mit Bar und Pool über den Dächern der Stadt. ■ 2401 E Camelback Rd, Phoenix, AZ 85016, Tel. 602 468 07 00, www.thecamby.com

€€€ | **Palomar** Lange galt Downtown als wenig attraktiv. Das hat sich geändert. Das neue Boutiquehotel bietet Zimmer mit stilistischen Anklängen des Mid Century Modern. ■ 2 E Jefferson St, Phoenix, AZ 85004, Tel. 602 253 66 33, www.hotelpalomar-phoenix.com

Scottsdale 106

€€ | **Adeline**
Von der Architektur erinnert die Unterkunft eher an ein Motel. Doch in Wahrheit handelt es sich um einen Gegenentwurf mit chic eingerichteten Zimmern und frechem Design. Leihfahrräder. ■ 5101 N Scottsdale Rd, Scottsdale, AZ 85250, Tel. 480 284 77 00, www.hoteladeline.com

€€ | **Bespoke Inn** Kleine Anlage mit eleganten Zimmern in der typischen Bauweise des Südwestens. Zum Haus gehört der wohl beste Italiener der Stadt (Virtù) sowie ein mit Kamin, Springbrunnen und üppiger Begrünung ausgestatteter Patio. ■ 3701 N Marshall Way, Scottsdale, AZ 85251, Tel. 844 861 67 15, www.bespokeinn.com

€€€ | **Four Seasons Resort Scottsdale at Troon North** Fantastische Anlage mit Zimmern, die auf mehrere in die Wüstenlandschaft eingebettete Gebäude verteilt sind. Die erhöhte Lage gestattet einen herrlichen Blick auf den Großraum Phoenix. ■ 10600 E Crescent Moon Dr, Scottsdale, AZ 85262, Tel. 480 515 57 00, www.fourseasons.com

Tempe 110

€€ | **Tempe Mission Palms Hotel**
Modernes Hotel mit großen Zimmern, Rooftop-Pool und riesigen Fernsehern in der Nähe von Party-Meile und Uni. Gute Anbindung an Phoenix und Scottsdale. ■ 60 E 5th St Tempe, AZ 85281, Tel. 480 894 14 00, www.destinationhotels.com

Übernachten

Tucson 113

€–€€ | Lodge on the Desert Geschmackvolles Anwesen in der typischen Lehmbauweise des Südwestens. Die Zimmer sind geräumig und haben einen Kamin. Interessant ist der Swimmingpool, dessen Wasser nicht wie sonst überall gechlort, sondern gesalzen ist. ■ 306 N Alvernon Way, Tucson, AZ 85711, Tel. 520 320 20 00, www.lodgeonthedesert.com

€–€€ | The Congress Die Unterkunft stammt aus den Anfangstagen der Stadt und gehört zu den historischen Hotels Amerikas. Ruhig ist es deshalb nicht: Das Haus liegt mitten in der City, die Bahn ist nicht weit weg, und im Hinterhof befindet sich ein hübscher Biergarten. ■ 311 E Congress St, Tucson, AZ 85701, Tel. 520 622 88 48, www.hotelcongress.com

€–€€ | The Downtown Clifton Mit der Farbensprache des Südwestens, einem betont hippen Ambiente und freundlichem Personal hat sich das Haus einen Spitzenplatz in der Stadt verdient. Bis in die City sind es nur wenige Blocks. ■ 485 S Stone Ave, Tucson, AZ 85701, Tel. 520 623 31 63, www.downtowntucsonhotel.com

Bisbee 115

€ | The Copper Queen Das Haus stammt aus den Anfangstagen des Städtchens und dominiert bis heute das Erscheinungsbild des Zentrums. Die Zimmer sind altmodisch. ■ 11 Howell Ave, Bisbee, AZ 85603, Tel. 520 432 22 16, www.copperqueen.com

€ | The Shady Dell Vintage Trailer Court Für Nostalgiker: Die Gäste nächtigen in umgebauten Wohnwagenklassikern in einer Umgebung mit viel Fifties-Flair. Etwas außerhalb gelegen. ■ 1 Douglas Rd, Bisbee, AZ 85603, Tel. 520 432 35 67, www.theshadydell.com

ADAC *Das besondere Hotel*

Valley Ho Mid Century Modern heißt eine Stilrichtung in Architektur und Design, die zurückgenommene Eleganz und die Kombination scheinbar nicht zusammengehöriger Materialien miteinander vereint. Das 1956 fertiggestellte Valley Ho verkörpert den in der TV-Serie »Mad Men« kultivierten Stil wie kein zweites Hotel. Schon Bing Crosby, Zsa Zsa Gabor und Tony Curtis haben hier genächtigt. Die Zimmer haben einen Balkon, die Poollandschaft ist cool, und Downtown ist in wenigen Schritten erreichbar.
€€€ | 6850 E Main St, Scottsdale, AZ 85251, Tel. 480 376 26 00, www.hotelvalleyho.com

Santa Fe und New Mexico

Dank der Kulturen der indigenen Völker und der spanischen Siedler hebt sich New Mexico spürbar vom Rest des Landes ab

Wer das erste Mal nach New Mexico kommt, erfährt rasch, dass dieser Staat anders als der Rest der USA ist. Die zum Teil seit mehr als 1000 Jahren bewohnten Pueblo-Siedlungen haben die Architektur und Kultur der Region nachhaltig beeinflusst. Ab dem 16. Jh. haben dann auch spanische und mexikanische Eroberer die Region geprägt und zu übernehmen versucht. Viel später haben Angloamerikaner ihren Einfluss geltend gemacht: New Mexico wurde erst im Jahr 1912 zum 47. Bundesstaat der USA. Diese Historie ist bis heute überall greifbar. Kulturelles Zentrum von New Mexico ist das kleine Santa Fe, das mit Museen, Galerien und einer konsequenten Beibehaltung der Pueblo-Architektur einen unverwechselbaren Charakter besitzt. Am Horizont zeichnen sich die bis zu 4011 m hohen Berge der nahen Sangre de Christo Range ab, die ihres Zeichens die südlichsten Ausläufer der Rocky Mountains sind. Vor allem im Norden rund um das Bergdorf Taos laden die eindrucksvollen Gipfel zum Skifahren und Wandern ein. Auch Albuquerque ist interessant: Als Drehort der immens populären Fernsehserie »Breaking Bad« hat die Stadt weltweite Bekanntheit erlangt. Fast alle Attraktionen des Staates befinden sich im hoch gelegenen Norden und Westen. Der Süden und Osten New Mexicos sind überwiegend von Prärielandschaften geprägt und werden kaum von Touristen besucht.

In diesem Kapitel:

25 Santa Fe 120
26 Los Alamos 124
27 Taos 125
28 Las Vegas, NM 128
29 Roswell 130
30 White Sands National Monument 131
31 Albuquerque 131
Übernachten 133

ADAC Top Tipps:

6 Santa Fe
| Stadt |
Die einzigartige Architektur im traditionellen Adobe-Stil, vielseitige Museen und Galerien, eine kreative Kunstszene sowie ein herrliches Klima machen die Hauptstadt von New Mexico zu einer Stadt, die spürbar anders als alle anderen amerikanischen Städte tickt. 120

ADAC Empfehlungen:

 Georgia O'Keeffe Museum, Santa Fe
| Museum |
O'Keeffe war Wegbereiterin für eine eigenständige Kunstform des Südwestens. Das Museum zeigt eine große Sammlung ihrer Werke. 121

Santa Fe Opera, Santa Fe
| Oper |
Unter freiem Himmel mitten in der Natur und doch überdacht. Mit diesen einzigartigen Vorzügen begeistert die renommierte Kompagnie immer wieder aufs Neue. 124

 Taos Pueblo, Taos
| Historische Siedlung |
Die mehrstöckige Siedlung des indigenen Volkes am Stadtrand von Taos ist seit mehr als 1000 Jahren ununterbrochen bewohnt und gehört zum UNESCO-Weltkulturerbe. 126

 International UFO Museum and Research Center, Roswell
| Museum |
Die US-Armee hat 1947 angeblich die Reste eines UFOs bei Roswell gefunden. Der Ort ist seitdem zu einem Synonym für einschlägige Theorien geworden. Das Museum klärt darüber auf. 130

25 Santa Fe
Geschichtsträchtiges wie lebensfreudiges Gesamtkunstwerk

Lehmziegelhaus in der typischen Adobe-Bauweise der Pueblo-Völker

 Information

■ Visitor Information Center, 66 E San Francisco St, Santa Fe, NM 87501, Tel. 505 955 62 15, www.santafe.org, tgl. 10–18 Uhr
■ Parken: siehe S. 123

 Zauberhafte Kleinstadt im Spannungsfeld vieler Kulturen

Santa Fe wirkt wie die Hauptstadt eines Landes, das es nie gegeben hat. Ein Land, in dem die Architektur der Pueblo-Völker fortlebt, das spanische Siedler vor vielen Jahrhunderten zu weiterer Blüte gebracht haben – und das seit über 100 Jahren angloamerikanische Künstler inspiriert. Es ist eine kleine Kapitale mit nur 70 000 Einwohnern. Und doch beherbergt sie eine Plaza wie auf der iberischen Halbinsel, spannende Museen und mehr als 350 Galerien. Restaurants mit charismatischer Regionalküche, Brauereien und Läden mit vielfältigen Produkten runden das Angebot ab. Die im Pueblo Revival Style gehaltenen Wohnviertel sind die vielleicht schönsten des ganzen Landes. Fast überall duftet es nach Nadelhölzern. Und das Umland mit dem Gipfel des 3850 m hohen Santa Fe Baldy in nur 24 Kilometer Entfernung ist schlichtweg atemberaubend.

Santa Fe

Plan S.123

Sehenswert

① Georgia O'Keeffe Museum
| Museum |

Größte Sammlung der visionären Malerin

Die Suche nach einer eigenständigen kulturellen Identität war in den USA immer ein großes Thema. Georgia O'Keeffe (1887–1986) hat diese Aufgabe für den Südwesten des Landes mit Bravour übernommen. Ihre abstrakten Interpretationen der Landschaften New Mexicos sind bis heute eine wichtige Inspirationsquelle für Künstler jeglicher Richtung. Das Museum besitzt über 1000 Arbeiten aus ihrem Nachlass und ermöglicht somit unvergleichliche Einblicke in ihr Leben und Schaffen.

■ 217 Johnson St, Tel. 505 946 10 00, www.okeeffemuseum.org, tgl. 9–17 Uhr (Fr bis 19 Uhr), 13 $ (Kinder unter 18 Eintritt frei)

② New Mexico Museum of Art
| Museum |

Was macht New Mexico aus? Eine reiche Geschichte, die kulturelle Vielfältigkeit und eine eigenständige Architektur. Wer dieses geräumige Museum mitten im Stadtkern besucht, erfährt all dies auf elegante Weise.

■ 107 W Palace Ave, Tel. 505 476 50 72, www.nmartmuseum.org, tgl. 10–17, Fr bis 19 Uhr (Winter Mo geschl.), 12 $ (Kinder unter 16 Eintritt frei)

③ Palace of the Governors/ New Mexico History Museum
| Museum |

New Mexico blickt auf eine lange Geschichte zurück. Das beweist der Palast, den Gouverneur Pedro de Peralta zur Verwaltung der spanischen Territorien errichten ließ. Der Bau wurde 1610 vollendet und ist somit das am längsten kontinuierlich genutzte Bauwerk in den USA. Es beherbergt eine Ausstellung, die einen ersten Überblick über die wechselvolle Geschichte New Mexicos gewährt. Dieser wird im angrenzenden historischen Museum auf ebenso lehrreiche wie unterhaltsame Weise vertieft.

■ 113 Lincoln Ave, Tel. 505 476 52 00, www.palaceofthegovernors.org, www.nmhistorymuseum.org, tgl. 10–17 Uhr (Winter Mo geschl.), 12 $ für beide Häuser

Santa Fe

Im Blickpunkt

Besonderheiten der Küche New Mexicos

Christmas in Sante Fe? Das klingt nach einem milden Winter. In Wahrheit aber handelt es sich um eine ortsübliche Bestellung im Restaurant. Wer seine neumexikanischen Gerichte in der »Christmas«-Version bestellt, erhält eine Mischung aus Green Chile und Red Chile. Die Saucen sind Bestandteil eines jeden regionalen Gerichts, wobei der Schärfegrad der Auslegung des jeweiligen Küchenchefs obliegt. Doch keine Sorge: In aller Regel sind die Chiles auch für Ungeübte genießbar.

❹ Santa Fe Plaza
| Platz |

Das Karree ist seit fast 400 Jahren das Herz der Stadt. Unter den Bäumen finden Müßiggänger wie Musiker ein schattiges Plätzchen. Und manchmal ist es hier auch einfach nur herrlich ruhig.

❺ Cathedral Basilica of St. Francis of Assisi
| Kirche |

Das im neoromanischen Stil errichtete Gotteshaus ist Sitz der Erzdiözese von Santa Fe. Der Bau wurde 1886 vollendet und ist in eine hübsche Gartenanlage eingebettet. Die römisch-katholische Gemeinde ist bereits seit 1626 hier beheimatet. Der Vorgängerbau wurde bei der Pueblo-Revolte 1680 zerstört.

■ 131 Cathedral Place, Tel. 505 982 56 19, www.cbsfa.org

❻ San Miguel Chapel
| Kirche |

Mit einem zwischen 1610 und 1626 gelegenen Baudatum ist die kleine Kapelle das älteste Gotteshaus der USA. Sie wurde von Franziskanermönchen im Pueblo-Stil errichtet und 1680 während einer Revolte der Pueblo-Völker teils zerstört. Das heutige Gebäude stammt überwiegend von 1710. Tagsüber kann es besichtigt werden.

■ 401 Old Santa Fe Trail, Tel. 505 983 39 74, www.sanmiguelchapel.org

❼ Canyon Road
| Straße |

Unter den vielen unamerikanischen Besonderheiten Santa Fes sticht diese besonders heraus: Die Canyon Road führt im Südosten aus der Stadt heraus. Wer den Fußweg auf sich nimmt, kann in acht Blocks rund 100 Galerien besuchen. Fast alle Künstler beschäftigen sich auf abstrakte, modernistische, naive oder kitschige Weise mit dem Südwesten. Gute Cafés (The Teahouse, 821 Canyon Rd, www.teahousesantafe.com) und Restaurants (Geronimo, 724 Canyon Rd, www.geronimorestaurant.com) säumen den Weg.

■ www.visitcanyonroad.com

❽ Museum Hill
| Museumskomplex |

Zwei Kilometer außerhalb des Zentrums ermöglichen vier weitere Museen Einblicke in die (Kultur-)Landschaft New Mexicos: das Museum of Spanish Colonial Art (www.spanishcolonial.org), das Museum of Indian Arts & Culture (www.indianartsandculture.org), das Museum of International Folk Art (www.internationalfolkart.org) und das Wheelwright Museum of the American Indian (www.wheelwright.org).

Parken

Plätze an Parkuhren in Downtown kosten in den ersten beiden Stunden zwei Dollar, danach drei. Günstig ist das Parkhaus am Bahnhof. ■ Railyard Municipal Garage, 503 Camino de la Familia, max. 12 $/Tag, Plan S. 123 westl. von a3

Gefällt Ihnen das?

Wenn Sie ein Faible für Galerien und typisch amerikanische Kunst haben, sollten Sie den Arts District in Las Vegas besuchen (S. 71). Hier sind nostalgische Gegenstände aus der Glanzzeit Amerikas zu bewundern und natürlich auch zu kaufen. Das Gleiche gilt für die Läden in Old Town Scottsdale (S. 107), die Kunst indigener Völker anbieten.

Restaurants

€ | **Draft Station** Auch für den Pizzateig hat New Mexico einen eigenen Entwurf: Er ist blau und besteht aus Maismehl. Auf dem geräumigen Balkon des Lokals wird bei wunderbarer Aussicht auf die Plaza gutes Craft Beer ausgeschenkt. ■ 60 E San Francisco St, Tel. 505 983 64 43, www.draft-station.com, tgl. ab 12 Uhr, Plan S. 123 b2

€€ | **Second Street Brewery** Jede Stadt hat auch ihren Gegenentwurf. In Santa Fe beansprucht das Viertel Railyard diese Aufgabe für sich. In der Nähe des Bahnhofs serviert die Brauerei hausgemachtes Kölsch, Pils und IPA (India Pale Ale), dazu gibt es köstliche Burger. ■ 1607 Paseo De Peralta 10, Tel. 505 989 32 78, www.secondstreetbrewery.com, Mo–Do 11–23, Fr, Sa 11–24, So 11–22 Uhr, Plan S. 123 a3

25 Santa Fe

Plan S.123

€€€ | **Coyote Café** Raffinierte Kompositionen neumexikanischer Zutaten in entspannter Atmosphäre. Schön sitzt man auf der geräumigen Dachterrasse. ■ 132 W Water St, Tel. 505 983 16 15, www.coyotecafe.com, tgl. ab 17 Uhr, Plan S. 123 b2

Im Blickpunkt

Die Kunst in New Mexico

Georgia O'Keeffe (1887–1986), Ehefrau des Fotografen und Galeristen Alfred Stieglitz, hatte schon eine Karriere als avantgardistische Künstlerin in New York hinter sich, als sie sich in New Mexico niederließ. Anfang der 1930er-Jahre begann sie damit, die Landschaften und die Kultur der indigenen Völker auf semiabstrakte Weise zu interpretieren. Dabei wurden ihre Arbeiten rasch zu einem Plädoyer für eine eigenständige amerikanische Kultur, die sich nur noch wenig um die Präferenzen der europäischen Avantgarde scherte. Wer sich in den Galerien Santa Fes, New Mexicos und des gesamten Südwestens umschaut, erkennt allerorten O'Keeffes Motive, Kompositionen und Farbenlehre wieder. Ihr Einfluss hat sich so weit verbreitet, dass er heute fast ein wenig abgenutzt erscheint. Die Betrachtung der Originale und der Besuch der Landschaften, die Georgia O'Keeffe inspiriert haben, schärft den Blick für das Wesentliche. Die Künstlerin lebte in der Nähe des Pueblos von Abiquiu und im Sommer auf der Ghost Ranch (96 km nordwestl. von Sante Fe, www.ghostranch.org).

Bühne

16 Santa Fe Opera Die renommierte Kompagnie besitzt ein besonderes Privileg: Ihr Opernhaus ist eingebettet in die Landschaft New Mexicos. Obwohl Bühne und Zuschauerraum überdacht sind, herrscht das Gefühl einer Open-Air-Aufführung. ■ 301 Opera Dr, Tel. 505 986 59 00, www.santafeopera.org, Plan S. 123 nordwestl. von a1

26 Los Alamos

Der Ort hat das Schicksal der Menschheit verändert

Information

■ Meeting & Visitor Bureau, 109 Central Park Square, Los Alamos, NM 87544, Tel. 505 662 81 05, www.visitlosalamos.org, Mo–Fr 9–17, Sa 9–16, So 10–15 Uhr

Auf mehr als 2200 m Höhe zwischen Berggipfeln und wildromantischen Schluchten gelegen, erfüllt Los Alamos für sich gesehen alle Voraussetzungen für einen schönen Ausflug. Fast alle Besucher aber lassen sich nicht von schnöden touristischen Argumenten verführen. Vielmehr wissen sie, dass hier die erste Atombombe entwickelt – und das Schicksal des Planeten in neue Bahnen gelenkt wurde.

Sehenswert

Bradbury Science Museum
| Museum |
Die Labore in Los Alamos haben die Geschicke der Menschheit verändert. Das Museum klärt mithilfe von Filmen, Bildern, Texten und Exponaten über

ADAC *Wussten Sie schon?*

Das Manhattan Project

Mit Beginn des Zweiten Weltkriegs grassierte in den USA eine zunehmende Angst, dass Nazi-Deutschland eine Atombombe würde entwickeln können. Um dem Feind zuvorzukommen, wurde Robert Oppenheimer die Verantwortung für das »Manhattan Project« erteilt. Der Physiker entschied sich, die tödliche Bombe gemeinsam mit seinem bis zu 3000 Köpfe starken Team in den entfernten Höhenlagen New Mexicos zu entwickeln. Erst im Juni 1945 gelang ihm der Durchbruch. Die Deutschen waren seinerzeit bereits besiegt. Doch Präsident Harry Truman brachte die Waffe in Hiroshima und Nagasaki zum Einsatz. Kurz darauf kapitulierte Japan.

27 Taos

Adobe-Siedlung, Ski-Zentrum und leicht esoterischer Ferienort

 Information

■ Visitor Center, 1139 Paseo del Pueblo Sur, Taos, NM 87571, Tel. 575 758 38 73, www.taos.org, tgl. 9–17 Uhr

Taos ist eines der bekanntesten Dörfer des amerikanischen Kontinents. Schon vor 1000 Jahren haben hier indigene Völker in sogenannten Adobe-Bauten aus luftgetrockneten Lehmziegeln gelebt. Taos Pueblo ist damit die mutmaßlich am längsten kontinuierlich bewohnte Siedlung Nordamerikas. Ein paar Kilometer entfernt hat sich der um eine spanisch anmutende Plaza herumgebaute Ort zu einer jener Touristenattraktionen entwickelt, die

die Forschungsarbeiten auf, die letztlich zur Entstehung der Atombombe geführt haben. Benannt ist es nach Norris Bradbury, dem Nachfolger des federführenden Entwicklers Robert Oppenheimer.

■ 1350 Central Ave, Tel. 505 667 44 44, www.lanl.gov/museum, tgl. 10–17 Uhr (Mo, So ab 13 Uhr), Eintritt frei

Manhattan Project NHP at Los Alamos
| Gedenkstätte |

Der 2015 eröffnete Parcours führt zu diversen Orten in und um Los Alamos, die bei der Entwicklung der Atombombe eine Rolle gespielt haben. Flyer liegen auch im Bradbury Science Museum aus.

■ www.nps.gov/mapr

Statue von General Leslie R. Groves im Bradbury Science Museum

Amerikaner so sehr lieben: Galerien, Restaurants, ein paar autobefreite Zonen und das einem Nationalhelden gewidmete Museum gehören zu den Highlights.

Viel schöner als das von zu vielen Autos frequentierte Zentrum aber ist Taos Ski Valley: Die Skistation liegt auf fast 3000 m Höhe am oberen Ende eines dicht bewaldeten Tals, das von wilder Schönheit ist.

Sehenswert

The Kit Carson Home & Museum
| Museum |

Die Erschließung des Westens der USA hat ruhmreiche Charaktere hervorgebracht. Dazu gehört auch der Trapper, Scout, Rancher, Indianeragent und Soldat Christopher Houston Carson (1809–1868), dessen Abenteuer lange nach seinem Tod auch von Hollywood aufgegriffen wurden. Das kleine Museum in Carsons ehemaligem Wohnhaus hält sich eher an die Fakten als an die vielfältigen Legenden.

ADAC *Spartipp*

Culture Pass

New Mexico ist reich an Geschichte und Kultur. Der Culture Pass erlaubt Zugang zu neun Museen des Bundesstaats und zu sieben historischen Stätten, die über den gesamten Staat verteilt sind. Der Pass kostet 30 Dollar pro Person und ist ein Jahr lang gültig. Das lohnt sich für alle, die mehr als nur den Palace of the Governors und das New Mexico Museum of Art besuchen möchten.
www.newmexicoculture.org

Gefällt Ihnen das?

Wenn Sie von den Pueblos in Taos beeindruckt sind, sollten Sie sich auf keinen Fall den Mesa Verde National Park (S. 146) entgehen lassen. Die Felsensiedlungen der indigenen Völker sind hier allerdings bereits seit 700 Jahren verlassen.

■ 113 Kit Carson Rd, Tel. 575 758 40 82, www.kitcarsonmuseum.org, tgl. 10–17.30 Uhr (Nov.–Apr. bis 16.30 Uhr), 7/5 $

Plaza
| Platz |

Der Grundriss von Taos trägt die Handschrift der spanischen Siedler, die den Ort im 17. Jahrhundert um eine mit schattenspendenden Bäumen bewachsene Plaza angelegt haben. Dieser Platz ist heute von Arkaden eingerahmt, in denen sich Fachgeschäfte für Kunsthandwerk, Cowboy-Bedarf und regionale Produkte niedergelassen haben.

Taos Pueblo
| Historische Siedlung |

 Seit 1000 Jahren bewohnte Siedlung des indigenen Volkes

Die bis heute bewohnte Siedlung des indigenen Volkes der Taos ist rund 1000 Jahre alt und eine kulturhistorische Sensation. Das Dorf ist auf der einen Seite eine architektonische Ikone des Südwestens, das schon seit Generationen Künstler und Intellektuelle fasziniert: Das Dorf ist in der Adobe-Bauweise aus Lehmziegeln errichtet, wobei es bis zu sechs Stockwerke er-

Taos Pueblo ist bis zu fünf Stockwerke hoch und gehört zum Unesco-Welterbe

Im Blickpunkt

Die Pueblos in New Mexico

Insgesamt 19 Pueblo-Siedlungen existieren bis zum heutigen Tag in New Mexico. Am bekanntesten ist das von mehr als 1000 Menschen bewohnte Dorf nordöstlich von Taos. Die meisten Siedlungen befinden sich im Norden und in der Mitte des Bundesstaats, in einigen sind Besucher willkommen. Manche Pueblo-Stämme machen von dem Recht der indigenen Völker Gebrauch, Casinos zu betreiben. Diese befinden sich in sicherem Abstand zu den ehrwürdigen Behausungen.

reicht. Die gesamte Architektur mit Einstiegsluken, nur wenigen Fenstern und Wohneinheiten mit je zwei Räumen diente ursprünglich der Verteidigung. Bis heute leben hier mehr als 1000 Menschen. Gleichzeitig ist das Pueblo natürlich das vielleicht beeindruckendste Zeugnis dafür, dass dieser Kontinent lange vor den angloamerikanischen Siedlern von Hochkulturen bewohnt war. Die Anlage ist die einzige ihrer Art, die sowohl zum UNESCO-Weltkulturerbe gehört als auch den Status eines Nationaldenkmals der USA genießt. Sie steht Besuchern offen, die auch mit den Narben konfrontiert werden, die das Aufeinanderprallen der indigenen, spanischen und angloamerikanischen Kulturen verursacht hat.

◼ 120 Veterans Highway (4 km nördl. von Taos), Tel. 575 758 10 28, www.taospueblo.com, tgl. 8–16.30 Uhr, 16 $ (Kinder unter 10 Eintritt frei)

 Restaurants

€ | **The Alley Cantina** Einfache, aber schmackhafte Auslegung der regionalen Küche mit einigen Tischen unter freiem Himmel. Das Gebäude gilt als das älteste des Ortes. Abends treten Musiker auf. ◼ 121 Teresina Lane, Tel. 575 758 21 21, www.alleycantina.com, Mo–Sa 11.30–1, So 11–24 Uhr

€€€ | **Lambert's** Haute Cuisine mit einigen regionalen Anklängen. ◼ 123 Bent St, Tel. 575 758 10 09, www.lambertsoftaos.com, tgl. 11.30–21 Uhr

 In der Umgebung

Taos Ski Valley
| Skigebiet |

Taos liegt an den südl. Ausläufern der Sangre de Cristo Range, dem südlichsten Gebirgszug der Rocky Mountains. Als höchster Gipfel dominiert der 4011 m hohe Wheeler Peak die gesamte Region. Ein beeindruckend wildes Tal gewährt Zugang zu dieser herrlichen Welt aus dicht bewaldeten Bergrücken. Im Winter (Ende Nov.–Anfang April) lockt Taos Ski Valley Pulverschneefans, im Sommer kommen Wanderer und Mountainbiker in die hochalpine Wildnis.

◼ 30 km nordwestl., www.skitaos.com

28 Las Vegas, NM

Hübsche, etwas verschlafene Kleinstadt mit großer Vergangenheit

Information

◼ Visitor Center, 500 Railroad Ave, Las Vegas, NM 87701, Tel. 505 425 37 07, www.visitlasvegasnm.com, Mo–Fr 8–17, Sa, So 10–14 Uhr

Las Vegas, NM

In der zweiten Hälfte des 19. Jh. war Las Vegas (14 500 Einw.), New Mexico, eine prosperierende Stadt. Es fuhr eine Straßenbahn, es gab eine Oper, ein College und das luxuriöse Castaneda Hotel. Glücksspiel und Prostitution waren allgegenwärtig. Ironischerweise sollte im 20. Jh. eine gleichnamige Stadt in Nevada diese Rolle übernehmen. Mit Las Vegas, New Mexico, ging es hingegen bergab. Zuletzt allerdings diente die Stadt dank seiner 900 denkmalgeschützten Häuser aus der Gründerzeit häufiger als Kulisse für Hollywood-Filme – unter anderem für »No Country for Old Men« von Ethan und Joel Coen.

Sehenswert ist die zentrale Plaza mit dem schönen Historic Plaza Hotel (S. 133), die mit dem Bahnhofsviertel in Konkurrenz steht. Mit der Renovierung des Castaneda Hotels aus dem Jahr 1898 soll hier der Glanz der alten Zeit wieder aufleben. Dahinter verbirgt sich keine unberechtigte Hoffnung, denn auch die New Mexico Highlands University hat mit 400 Studenten in Las Vegas wieder ihren Betrieb aufgenommen.

Cafés

World Treasures Traveler's Cafe Ideal für einen Zwischenstopp während der Autofahrt von Denver nach Santa Fe: In dem geräumigen Backsteinhaus gibt es sehr guten Kaffee, leckere Sandwiches und eine angenehme Atmosphäre. ■ 1814 Plaza St, Tel. 505 426 86 38, Mo–Sa 7–19 Uhr

Das Historic Plaza Hotel wurde 1881 gebaut und galt als »Belle of the Southwest«

Aliens nebst UFO, »ausgestellt« im International UFO Museum and Research Center

29 Roswell

Der vermeintliche Absturz eines UFOs hat die Stadt berühmt gemacht

Information

■ Visitor Center, 426 N Main St, Roswell, NM 88201, Tel. 575 623 34 42, www.roswell-nm.gov, Mo, So 10–15, Di–Fr 9–17, Sa 9–16 Uhr

Der Glaube an Geister und Außerirdische ist in der US-Kultur weitverbreitet. Häufig handelt es sich dabei um Koketterie. Ein Beispiel für den Ernst der Sache ist der sogenannte Roswell Incident: 1947 hatte die örtliche Presse berichtet, Soldaten hätten die Überreste eines UFOs gefunden. Auf Basis dieses Artikels erschien 1980 ein Buch, das dem Vorfall neues Leben einhauchte. Erst in den 1990ern wurde aufgedeckt, dass es sich bei den Wrackteilen um die Reste eines Messballons handelte. Dem Ruf Roswells hat das nicht geschadet: Die Stadt ist zu einer Pilgerstätte für UFO-Gläubige geworden.

Sehenswert

International UFO Museum and Research Center
| Museum |

 Bizarre Sammlung über UFOs und verwandte Legenden

Von Augenzeugenberichten bis zu wissenschaftlichen Untersuchungen bereitet das Haus die Erfahrungen mit außerirdischem Leben akribisch auf. Bei der Aufklärungsarbeit hat das Haus eine weltweit führende Rolle.

■ 114 N Main St, Tel. 575 625 94 95, www.roswellufomuseum.com, tgl. 9–17 Uhr, 5/2 $

Events

UFO Festival Skurriles Fest zu Ehren von Aliens und anderen Sonderlingen im Juli. ■ www.ufofestivalroswell.com

30 White Sands National Monument

Weite Dünenlandschaft im größten Gipsfeld der Welt

 Information

■ Visitor Center, 19955 Highway 70 West, Alamogordo, NM 88310, Tel. 575 479 61 24, www.nps.gov/whsa, tgl. 8–21 Uhr (im Winter kürzer), Park durchgehend geöffnet, 5 $

Etwas abgelegen im Südwesten New Mexicos gibt die Natur eine weitere Kostprobe ihres kreativen Potenzials: Rund 80 Kilometer nordöstl. der Stadt Las Cruces hat sie das größte Gipsfeld der Welt geschaffen, das sich auf einer Fläche von 710 Quadratkilometern ausbreitet. Das Mineral bildete vor Millionen Jahren den Grund eines Sees, ehe es sich zu Dünen mit einer maximalen Höhe von 18 m aufgetürmt hat. Vor allem in der Dämmerung ist die Landschaft außerordentlich fotogen, zumal neben Gräsern vereinzelt auch Seifen-Palmlilien aus dem Gips hervorragen.

31 Albuquerque

Die größte Stadt New Mexicos ist chronisch unterschätzt

 Information

■ Visitor Information Center, 303 Romero St, Albuquerque, NM 87104, www.visitalbuquerque.org, tgl. 10–17 Uhr

Eine der ältesten Städte der USA. Etappenziel der »Mother Road«. Multikultureller Ballungsraum am Rand eines allgegenwärtigen Gebirgszugs. Und Schauplatz der vielleicht besten Fernsehserie aller Zeiten. Trotz all dieser Vorzüge führt Albuquerque (560 000 Einwohner) vor allem bei Europäern nach wie vor ein Schattendasein – zu Unrecht.

 Sehenswert

Old Town
| Stadtviertel |

Schon 1706 haben spanische Siedler die heutige Stadt gegründet. Eine baumbewachsene Plaza erinnert bis heute auf angenehme Weise an diese Wurzeln. Auch die angrenzenden Blocks mit ihren bunten Patios strahlen eine gewisse historische Würde aus. In den Gebäuden haben sich Galerien, Souvenirläden und ein paar Restaurants niedergelassen. Das ist für

Yucca-Palme inmitten der Dünen im White Sands National Monument

Albuquerque

Touristen interessant, die Einheimischen aber fühlen sich leider kaum inspiriert, ihre Zeit hier zu verbringen.
■ SW Central Ave und NW Rio Grande Blvd, www.albuquerqueoldtown.com

Downtown
| Stadtviertel |

Die Innenstadt wurde lange von der historischen Route 66 geprägt. Zwischen den Bürohochhäusern sind entlang der Central Avenue bis heute einige Klassiker wie das Kimo Theatre (423 NW Central Ave, www.kimotickets.com) erhalten geblieben. Das Tourismusbüro hilft Fans mit einer Liste aller Highlights auf die Sprünge.
■ www.visitalbuquerque.org

Im Blickpunkt

»Breaking Bad«

Albuquerque ist dem Rest der Welt lange allenfalls wegen seines langen Namens aufgefallen. 2008 aber wurden die ersten Folgen von »Breaking Bad« ausgestrahlt. Der Aufstieg des krebskranken Chemielehrers Walter White (Bryan Cranston) sollte Serienfreaks in aller Welt sechs Jahre und sieben Staffeln in Atem halten. Plötzlich waren die Wüstenstadt und ihre schroff-schöne Umgebung in aller Munde. Fans können Originalschauplätze im Rahmen einer Tour erkunden (www.breakingbadrvtours.com) – standesgemäß in einem umgebauten Wohnmobil. Wer lieber individuell unterwegs ist, findet die Schauplätze auf einer interaktiven Karte des Tourismusbüros.

Nob Hill
| Stadtviertel |

Die alten Neonlichter der Route 66 und ein Sinn für Gegenkultur prägen das Gesicht des Stadtteils. Kleine Läden, Lokale mit betont gesundem Essen, Galerien und Bars zementieren das Image eines alternativen und angesagten Viertels. Im Hintergrund erheben sich die Sandia Mountains.
■ 6 km östl. von Old Town, www.nobhillmainstreet.org

New Mexico Museum of Natural History and Science
| Museum |

Auf den ersten Blick mag das 1986 eröffnete Naturkundemuseum ein klein wenig angestaubt wirken. Dieser Eindruck aber verwandelt sich schnell in Ehrfurcht, wenn die Dinosaurierskelette ins Blickfeld geraten. Fossilien und Knochen sorgen ebenfalls für Erstaunen. Ein weiterer Ausstellungsbereich ist der Astronomie und der Weltraumerforschung gewidmet.
■ 1801 Mountain Rd NW, Tel. 505 841 28 00, www.nmnaturalhistory.org, tgl. 10–17 Uhr, 8/5 $

Verkehrsmittel

Eine Seilbahn führt hinauf zu den Gipfeln der Sandia Mountains. ■ Sommer 9–21 Uhr (im Winter kürzer), 25/15 $, www.sandiapeak.com

Restaurants

€ | **Diner 66** Burger und Milkshakes in einem stromlinienförmigen Gebäude machen das Lokal zu einem Klassiker.
■ 1405 Central Ave NE, Tel. 505 247 14 21, www.66diner.com, Mo–Do 11–22, Fr 11–23, Sa 8–23, So 8–20 Uhr

Übernachten

Santa Fe, Albuquerque und Taos ziehen die meiste Aufmerksamkeit auf sich. Hier können Besucher aus einer breiten Palette von Quartieren auswählen. Im fußgängerfreundlichen Santa Fe lohnt es sich, ein Domizil in der Nähe zu buchen. Wer in Albuquerque das Auto stehen lassen möchte, logiert am besten in Downtown.

Santa Fe 120

€€ | Eldorado Hotel & Spa Die Pueblo-Architektur funktioniert auch bei einem größeren Gebäudekomplex. Den Beweis tritt dieses mit schöner Lobby und freundlichem Personal ausgestattete Haus an. Die geschmackvoll eingerichteten Zimmer haben Balkon und Kamin. ■ 309 W San Francisco St, Santa Fe, NM 87501, Tel. 505 988 44 55, www.eldoradohotel.com

€€€ | La Fonda on the Plaza Nicht ohne Stolz verweist das Haus auf die Tatsache, dass es sich an jener Stelle befindet, wo im Jahr 1607 das erste Gasthaus der Stadt betrieben wurde. Heute nimmt es fast einen ganzen Block am Rand der Plaza ein, wo es mit stimmungsvollem Ambiente begeistert. ■ 100 E San Francisco St, Santa Fe, NM 87501, Tel. 505 982 55 11, www.lafondasantafe.com

Taos 125

€€ | Austing Haus Berghotel in der Nähe des Skigebiets mit alpinen Anklängen. So stellen sich Amerikaner Bayern vor. ■ 1282 State Highway 150, Taos Ski Valley, NM 87525, Tel. 575 776 87 51, www.theaustinghaus.com

€€ | The Mabel Dodge Luhan House Das ehemalige Wohnhaus der Schriftstellerin blickt auf eine reiche Vergangenheit zurück: D. H. Lawrence, Georgia O'Keeffe und Ansel Adams gingen hier ein und aus. Entsprechend gestaltet sich auch das Publikum des B & B. ■ 240 Morada Lane, Taos, NM 87571, Tel. 575 751 96 86, www.mabeldodgeluhan.com

Las Vegas, NM 128

€ | Historic Plaza Hotel Schöner Backsteinbau mit viktorianischer Fassade aus den wilden Zeiten der Stadt an der zentralen Plaza. Auch die Zimmer mit ihren hohen Decken und der Saloon erinnern an vergangenen Glanz. ■ 230 Plaza, Las Vegas, NM 87701, Tel. 505 425 35 91, www.plazahotellvnm.com

Albuquerque 131

€€ | Hotel Albuquerque at Old Town Ein seltenes Kunststück: Von außen sieht der Zweckbau wenig einladend aus. Doch die Lobby und das Restaurant sind stimmungsvoll neumexikanisch eingerichtet. ■ 800 Rio Grande Blvd, Albuquerque, NM 87104, Tel. 505 843 63 00, www.hotelabq.com

€€–€€€ | Hotel Andaluz Das historische Haus von 1935 erfreut nach einer Renovierung mit modernem Interieur und Südwest-Touch. ■ 125 2nd St NW, Albuquerque, NM 87102, Tel. 505 388 00 88, www.hotelandaluz.com

Denver und Colorado

Die Rocky Mountains, eine pulsierende Stadt und viel Cowboy-Kultur machen den unterschätzten Staat attraktiv

In diesem Kapitel:

32	**Denver**	136
33	**Colorado Springs**	142
34	**Great Sand Dunes National Park**	144
35	**Pagosa Springs**	145
36	**Mesa Verde National Park**	146
37	**Million Dollar Highway**	146
38	**Black Canyon of the Gunnison NP**	148
39	**Colorado National Monument**	148
40	**Rocky Mountain National Park**	149
41	**Boulder**	150
	Übernachten	152

Wer im Anflug nach Denver die Gipfel der Rocky Mountains erblickt, möchte unverzüglich in das Gebirge aufbrechen. Das aber wäre voreilig, denn die Hauptstadt Colorados hat sich zu einer der lebendigsten Metropolen der USA entwickelt. Kultur, Shopping und die kulinarische Szene sind von internationalem Niveau. Ganz in der Nähe lockt mit Colorado Springs eine weitere aufstrebende Stadt, die ganz im Zeichen von Pikes Peak steht – einem von 58 Bergen, die in Colorado die magische Grenze von 14 000 Fuß (4267 m) übersteigen. Weiter westlich bauen sich die Dünen des Great Sand Dunes National Park auf, ehe in Mesa Verde die Kultur der Pueblos auf sich aufmerksam macht. So wird ein Besuch zu einem beeindruckenden Erlebnis, das noch dazu das gesamte Jahr über attraktiv ist: Sollte die Witterung den Besuch der Nationalparks nicht gestatten, bleiben immer noch die Ski-Resorts – und die erreichen bekanntlich Weltklasseniveau.

ADAC Top Tipps:

 Denver
| Stadt |
Zu Füßen der Rocky Mountains gelegen, hat sich »The Mile High«, wie der Spitzname von Denver lautet, dank Street Art, 159 Brauereien und 300 Sonnentagen zu einer der coolsten Städte der USA entwickelt. 136

Rocky Mountain National Park
| Nationalpark |
Mit ihren majestätischen, schneebedeckten Gipfeln, den auch in gro-

ßen Höhen gedeihenden Nadelwäldern und der vielfältigen Tierwelt sind die Rocky Mountains ein Gebirge, an dem man sich nicht satt sehen kann. Eine Panoramastraße führt durch den Park. 149

ADAC Empfehlungen:

 Union Station, Denver
| Bauwerk |
Der Bahnhof von Denver war einst ein wichtiges Eisenbahndrehkreuz. Nach dem generellen Niedergang des Schienenverkehrs war sein Verfall fast besiegelt – bis eine umfassende Sanierung neuen Glanz brachte. 137

 REI, Denver
| Geschäft |
Die Recreation Equipment Inc. hat in einem ehemaligen Straßenbahndepot eines der schönsten und größten Fachgeschäfte für Outdoor-Bedarf jeder Art mit Kletterwand eingerichtet. 139

 Pikes Peak, Colorado Springs
| Panoramastraße |
Eine bequem mit dem Auto befahrbare Serpentinenstraße führt durch mehrere Klimazonen auf den Gipfel des 4302 m hohen Bergs. Ein solches Erlebnis ist in Europa nicht möglich. 143

The Springs Resort & Spa, Pagosa Springs
| Thermalbad |
Das Thermalbad lockt mit rund zwei Dutzend heißen Quellen, ein zuweilen eiskalter Fluss bürgt gleich nebenan für Abkühlung. Besonders schön ist es hier morgens. 145

32 Denver
Beliebtes Einfallstor zum Südwesten im Schatten der Rockies

Downtown Denver, im Vordergrund der Stadtpark mit See und Bootshaus

Information

■ Tourist Information Center Downtown, 1575 California St, Denver, CO 80202, Tel. 303 892 15 05, www.denver.org, Mo–Fr 9–17.30, So 9–14 Uhr (im Winter kürzer)

Quirlige Metropole am Fuß der Rocky Mountains

Denver liegt zu Füßen der Rocky Mountains auf 1600 m Höhe. Die Bewohner der Stadt freuen sich über mehr als 300 Sonnentage pro Jahr. Sollte es doch mal regnen, locken spannende Museen. Vielleicht auch deswegen gehört »The Mile High« (so der Spitzname) zu den am schnellsten wachsenden Städten des Landes. Denver ist jung, kosmopolitisch und genussfreudig: Allein über 150 Brauereien sorgen für Abwechslung. Kulinarisch begeistern sich die Bewohner für das Farm-to-Table-Konzept, das auf frische Bio-Produkte aus der Region setzt. Besonders stolz ist Denver auf seine lebendigen Stadtviertel, die gut zu Fuß oder mit dem Fahrrad erreichbar sind. Nicht zuletzt aufgrund der täglichen Linienflüge aus Deutschland ist Denver somit das perfekte Einfallstor für eine Reise durch den Südwesten – und für ein langes Wochenende am Anfang oder Ende des Trips.

Downtown | Denver

Plan S.138

Downtown

Vitale City mit coolen Museen und toller Gastroszene

Denvers Innenstadt hat dank der vielen Läden, Bars und Restaurants eine hohe Aufenthaltsqualität. Aufgrund des recht zersiedelten Gesamtbilds ist Downtown nicht im klassischen Sinne schön, Freunde gründerzeitlicher Architektur sollten sich aber unbedingt das Denver Gas & Electric Building (910 15th St) ansehen, das nach den Bauten des Wolkenkratzerpioniers Louis Sullivan modelliert ist. Die Blocks in der Nähe der Union Station werden auch LoDo für Lower Downtown genannt.

Sehenswert

1 Union Station
| Bauwerk |

Altehrwürdiger Bahnhof mit Bars und Restaurants

Der im Jahr 1881 eröffnete Bahnhof erinnert an das Zeitalter, als Bahnfahren glamourös war. 2012 wurde er nach aufwendiger Renovierung wiedereröffnet – inklusive Restaurants im prächtigen Kuppelsaal. So ist die Union Station wieder zu einem Treffpunkt für die Massen geworden. Weil draußen die Züge verkehren, sind die nostalgischen Gefühle nur teilweise angebracht.

■ 1701 Wynkoop St, Tel. 303 592 67 12, www.unionstationindenver.com

2 Larimer Square
| Straßenblock |

Der älteste und geschichtsträchtigste Straßenblock Denvers ist heute die Heimat von Restaurants und Bars mit vielen Patios, wo man gemütlich draußen sitzen kann.

■ www.larimersquare.com

3 16th Street Mall
| Einkaufsstraße |

Die Fußgängerzone zieht sich über zwei Kilometer durch die City. Kostenlose Hybrid-Busse bringen lauffaule Kunden von einem Ende zum anderen. Die Straße wird von einigen schönen Backsteinbauten aus der Gründerzeit flankiert, das Einkaufserlebnis hält sich aber in Grenzen.

■ www.16thstreetmalldenver.com

4 Kirkland Museum of Fine & Decorative Art
| Museum |

Vance Kirkland (1904–1981) gehört zu den einflussreichsten Malern, die Colorado hervorgebracht hat. Vom Realismus bis zu einem eigenständigen Pointillismus hat der Künstler fünf unterschiedliche Schaffensphasen durchlebt. Der 2018 eröffnete Neubau beherbergt neben Kunstwerken von Kirkland auch eine vielleicht noch sehenswertere Sammlung internationaler Möbel und Designobjekte, die anschaulich nach Epochen sortiert sind. Geheimtipp unter Denvers Museen.
■ 1201 Bannock St, Tel. 303 832 85 76, www.kirklandmuseum.org, Di–Sa 11–17, So 12–17 Uhr, 10 $ (Kinder unter 18 Eintritt frei)

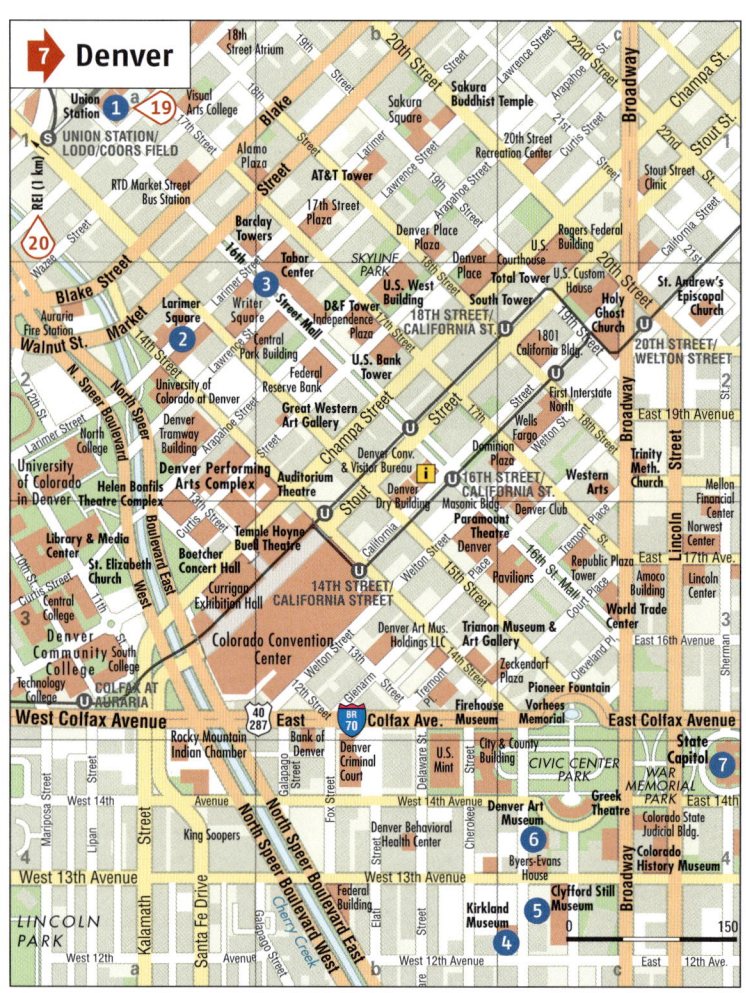

Downtown | **Denver** 32

⑤ Clyfford Still Museum
| Museum |

Mit Mark Rothko und Jackson Pollock hat Clyfford Still (1904–1980) den Stil des Abstrakten Expressionismus geprägt. Der Künstler hat verfügt, dass die in seinem Besitz befindlichen Werke nur an einem Ort gezeigt werden dürfen. Denver hat ihm den Wunsch mit einem kongenialen Bau erfüllt.
■ 1250 Bannock St, Tel. 720 354 48 80, www.clyffordstillmuseum.org, Di–So 10–17 Uhr (Fr bis 20 Uhr), 10 $ (Kinder unter 18 Eintritt frei)

⑥ Denver Art Museum
| Museum |

Mit seinem Erweiterungsbau hat Daniel Libeskind dem Denver Art Museum eine Welle der Aufmerksamkeit beschert. Schwerpunkt der Sammlung ist die Kunst der indigenen Völker Amerikas, die weiter im Stammhaus zu sehen ist. Libeskinds Entwurf dient überwiegend Wechselausstellungen mit modernen Akzenten. Dafür sind die skulpturale Form und die Titanfassade des Hauses eine passende Hülle.
■ 100 W 14th Ave Pkwy, Tel. 720 865 50 00, www.denverartmuseum.org, tgl. 10–17 Uhr (Fr bis 20 Uhr), 13 $ (Kinder unter 18 Eintritt frei)

 Verkehrsmittel

Auf der 16th Street Mall verkehrt ein kostenloser Elektro-Shuttlebus. ■ tgl. 5–1 Uhr, www.rtd-denver.com

 Restaurants

€ | Milk Market Der Starkoch Frank Bonnano hat die schöne Markthalle in einer ehemaligen Molkerei konzipiert und damit einen ziemlichen Hype entfacht. An 16 Stationen gibt es gehobene Leckereien. ■ 1800 Wazee St, Tel. 303 792 82 42, www.denvermilkmarket.com, tgl. 11–21 Uhr, Plan S. 138 b1

€ | Wynkoop Brewery Ende der 1980er war die City fast tot. Mit der Eröffnung der Brauerei begann ihre Revitalisierung. ■ 1634 18th St, Tel. 303 297 27 00, www.wynkoop.com, So–Do 11–24, Fr, Sa 11–2 Uhr, Plan S. 138 a1

€€ | Urban Farmer Modernes Konzept in historischem Gebäude. Damit trifft das Steakhaus den Geschmack der Anhänger der Farm-to-Table-Bewegung.
■ 1659 Wazee St, Tel. 303 262 60 70, www.urbanfarmerdenver.com, Mo–Do 7–22, Fr, Sa 8–23, So 8–22 Uhr, Plan S. 138 a1

€€–€€€ | Tag Kreative Tapas oder mit Schweinebauch gefüllte Buns (Teigtaschen) in urbanem Chic. Der Barmann sorgt für ungewöhnliche Cocktails.
■ 1441 Larimer St, Tel. 303 996 99 85, www.tag-restaurant.com, Mo–Do 11.30–22, Fr 11.30–23, Sa 17–23, So 17–21 Uhr, Plan S. 138 a2

 Einkaufen

⑳ **REI** Der Flagship Store des Universalausrüsters für Freizeitaktivitäten ist eine Sehenswürdigkeit für sich, denn er befindet sich in einem ehemaligen Straßenbahndepot. Zum Inventar gehört auch eine Kletterwand. ■ 1416 Platte St, Tel. 303 756 31 00, www.rei.com, Mo–Sa 9–21, So 9–19 Uhr, Plan S. 138 a1

Rockmount Ranch Wear In einem ehrwürdigen Backsteinbau bietet dieser einzigartige Laden seit drei Generationen vom Stiefel bis zum Hut Cowboy-Bedarf jeder Art. ■ 1626 Wazee St, Tel. 303 627 77 77, www.rockmount.com, Mo–Fr 8–18, Sa 10–18, So 11–16 Uhr, Plan S. 138 a1

Capitol Hill

Alternativ angehauchtes Viertel im Schatten des Kapitols

Die goldene Kuppel des Kapitols überragt das hügelige Viertel. Dahinter entfaltet sich ein abwechslungsreiches Viertel, dessen Hauptschlagader die 13th Avenue ist. Hier ist die Subkultur zu Hause, die mit den großen Konzernen des Landes wenig am Hut hat.

Sehenswert

Colorado State Capitol
| Bauwerk |

Der klassizistische Bau von 1894 ist mit seiner 55 m hohen Kuppel weithin sichtbar. Sie wurde 1908 im Gedenken an den Colorado-Goldrausch nachträglich vergoldet. Die imposante Innenseite ist mit rosafarbenem Marmor aus Colorado ausgekleidet.

■ 200 E Colfax Ave, Tel. 303 866 26 04, www.colorado.gov/capitol, Mo–Fr 7.30–17 Uhr, kostenlose Touren 10–15 Uhr

Restaurants

€€ | **Coperta** Gute amerikanische Interpretation der italienischen Küche. Toll: der hausgemachte Mozzarella. ■ 400 E 20th Ave, Tel. 720 749 46 66, www.copertadenver.com, Mo–Do 12–21, Fr 12–22, Sa 16–22, So 16–21 Uhr, Plan S. 138 c2

€€–€€€ | **Beast + Bottle** Neuamerikanische Küche mit viel Sinn für Ästhetik und ausgewiesenen Erzeugern. Wer mag, bestellt pro Tisch eine Handvoll kleinerer Gerichte zum Teilen. ■ 719 E 17th Ave, Tel. 303 623 32 23, www.beastandbottle.com, tgl. ab 17, Sa, So auch 10–14 Uhr, Plan S. 138 östl. von c3

Einkaufen

Wax Trax Records Manchmal genügt ein einziger Satz: der beste Plattenladen zwischen Chicago und San Francisco. ■ 638 E 13th Ave, Tel. 303 860 01 27, www.waxtraxrecords.com, Mo–Do 11–19, Fr, Sa 10–20, So 11–18 Uhr, Plan S. 138 östl. von c4

RiNo (River North)

Angesagte Gegend mit Street Art und Brauereien

Nordöstlich von Downtown, in der Walnut und Larimer Street zwischen Broadway und 30th Street, schlägt in RiNo das Herz des jungen Denver. In die Lagerhallen sind Brauereien, Lokale und Destillen eingezogen, fast jede

---

ADAC *Mobil*

Sie wundern sich, warum in urbanen Gegenden am Straßenrand Limousinen parken, die finanzielle Transaktionen mit Fahrgästen zu machen scheinen? Nun, Vorgänge dieser Art gehen in der Regel auf Uber zurück. Der in Deutschland nur eingeschränkt zugelassene Dienst ist in den USA weitverbreitet – und wer sich einmal darauf eingelassen hat, entdeckt schnell die Vorteile: Nach dem Herunterladen einer App können in der Nähe befindliche Wagen für eine Fahrt zu einem beliebigen Ort herbeigeordert werden. Preislich bewegt sich der mit Privatiers operierende Dienst deutlich unter dem Taxi-Niveau, dafür gibt es nicht selten kühles Wasser und gelegentlich sogar einen Snack an Bord. *www.uber.com*

Cherry Creek | Denver

Das klassizistische Colorado State Capitol von 1894 mit seiner goldenen Kuppel

Hauswand wird von Street Art geziert. Überall ist ausreichend Platz zum Essen und Trinken unter freiem Himmel (www.rinoartdistrict.org).

 Restaurants

€ | **Denver Central Market** Wunderbare Halle mit diversen originellen Restaurants, Bars und Läden in entspannter Atmosphäre. 2669 Larimer St, www.denvercentralmarket.com, tgl. 8–21, Fr, Sa bis 22 Uhr, Plan S. 138 nördl. von c1

Cherry Creek

Ergiebiges Einkaufsviertel für den gehobenen Geschmack

Das Viertel fungiert als Denvers stadtnahes Einkaufszentrum. Über den Cherry Creek Bike Path ist es bequem mit dem Leihfahrrad erreichbar. Nördlich des Cherry Creek Shopping Centers flankieren Läden die Straßenzüge unter freiem Himmel – wie im alten Europa. Und darüber hinaus lockt das Stadtviertel (www.cherrycreeknorth.com) auch noch mit vielen Restaurants und Kunstgalerien.

 Einkaufen

Cherry Creek Shopping Center Großes Einkaufszentrum mit über 160 Läden, die alle Bedürfnisse abdecken, etlichen Cafés und Restaurants sowie angegliederten Einkaufsstraßen. Ungewöhnlich: Die Mall befindet sich nur vier Kilometer südwestl. des Stadtkerns. 3000 E 1st Ave, Tel. 303 388 39 00, www.shopcherrycreek.com, Mo–Sa 10–21, So 11–18 Uhr, Plan S. 138 nordöstl. von c4

32 Denver

Plan S.138

ADAC *Mobil*

ÖPNV in Denver

Wer einen längeren Aufenthalt in Denver plant, ist nicht auf ein Auto angewiesen: Die Stadt hat eines der besten Nahverkehrssysteme des Landes inklusive Bahnanbindung an den Flughafen (www.rtd-denver.com). Innerhalb der Stadt ist das großartige Leihfahrradsystem von B Cycle (denver.bcycle.com, 9 $/Tag, 35 $/Monat) am effektivsten. Nach einmaliger Anmeldung können Kunden beliebig oft für bis zu 30 Minuten Velos ausleihen. Eine eingeschränkt auch offline nutzbare App verrät, wo wie viele Räder stehen.

Konzerte

Red Rocks Amphitheatre Eine der schönsten Bühnen der Welt liegt mitten in einer dramatischen Felsenlandschaft. Schon die Beatles sind hier aufgetreten. Gelegentlich dient die Arena auch als Open-Air-Kino. 18300 W Alameda Pkwy, Morrison, CO 80465, Tel. 720 865 24 94, www.redrocksonline.com, Plan S. 138 südwestl. von a4

33 Colorado Springs

Die zweitgrößte Stadt Colorados liegt direkt zu Füßen der Rocky Mountains

Information

 Visitor Center, 515 S Cascade Ave, Colorado Springs, CO 80903, Tel. 719 635 75 06, www.visitcos.com, Mo–Fr 8.30–17, Sa, So 9–17.30 Uhr (Winter nur Mo–Fr)

Direkt an den östlichen Ausläufern der Rocky Mountains gelegen, sollte Colorado Springs Ende des 19. Jh. zum ersten Urlaubsort des Bundesstaats werden. Diesem Anspruch wird die Stadt bis heute gerecht: Der 4302 m hohe Pikes Peak ist der am zweitmeisten besuchte Berg der Welt. Das Broadmoor gilt zu Recht als eines der besten Hotels des Landes. Auch der Garden of the Gods und die Vororte Manitou Springs und Old Colorado City stehen bei jedem Besucher oben auf der Liste jener Orte, die man gesehen haben muss. Aufgrund seiner hohen Lebensqualität wächst Colorado Springs rasant – mittlerweile zählt die Stadt fast eine halbe Million Einwohner. Die liberale Coolness hat derweil noch nicht den Sprung von Denver hinübergeschafft: Colorado Springs ist Sitz von fünf Luftwaffenstützpunkten und gilt als Hochburg der evangelikalen Bewegung. Und für die Innenstadt muss niemand sein Zeitbudget freimachen.

Sehenswert

Garden of the Gods
| Naturpark |

Mit schroffen Gesteinsformationen und einzelnen Felsennadeln gehörte der 520 Hektar große Park zu den ersten Touristenmagneten der Region. Je nach Lichteinfall schimmert das Gesamtensemble in unterschiedlichen Rottönen, was vor der Kulisse schneebedeckter Berge ein farbenfrohes Bild ergibt. Angeblich geht der spanische Name des Bundesstaats auf den Garten der Götter zurück. Colorado bedeutet farbig oder bunt.

■ 1805 N 30th St, Tel. 719 634 66 66, www.gardenofgods.com, tgl. 8–19 Uhr (Winter bis 17 Uhr), Eintritt frei

Manitou Springs
| Stadtviertel |

Gleich acht Mineralwasserquellen machen Manitou Springs zu dem, was in Europa als Heilbad firmieren würde. Von der Bergluft auf fast 2000 m Höhe ganz zu schweigen. Noch mehr profitiert der Ort aber davon, Ausgangsbasis für die Besteigung des Pikes Peak zu sein. Läden, Cafés und Restaurants geben dem einen angenehmen Rahmen. In der Saison wird es so voll, dass Besucher am besten vor dem Ort parken und einen kostenlosen Shuttlebus nehmen. Sehenswert sind die bis zu 1000 Jahre alten Felsenbehausungen der Anasazi (www.cliffdwellingsmuseum.com), auch weil sie Anfang des 20. Jh. von einem anderen Ort hierher verlagert wurden.

Old Colorado Springs
| Stadtviertel |

1859 gegründet, übernimmt der Ort heute die üblichen touristischen Funktionen einer amerikanischen Stadt: Cafés, Läden, Souvenirs und Restaurants in Gebäuden, die teils alt und teils auf alt getrimmt sind.

■ 5 km westl. von Colorado Springs, www.shopoldcoloradocity.com

Pikes Peak
| Panoramastraße |

 Spektakuläre Autostraße in luftige Höhen

Ein Erlebnis, das es in dieser Form in Europa nicht gibt: Von Colorado Springs (1840 m) führt eine Straße auf den 4302 m hohen Berg. Die Straße wurde 1915 mit dem Geld von Spencer Penrose errichtet, der auch das Broadmoor finanziert hat. Der eigentliche Peaks Pike Highway nimmt in Cascade seinen Lauf und ist 31 Kilometer lang. Los geht es in Mischwäldern mit Kiefern und Birken. Bald werden diese von zauberhaft schönen Grannenkiefern abgelöst, ehe sich langsam eine Steinwüste breitmacht. Die Straße ist relativ leicht befahrbar und wann immer möglich auch im Winter geöffnet. Oben wartet eine Bergstation, wo es zur Pflicht gehört, einen vor Ort gebackenen Donut zu konsumieren. Der Ausblick auch von den vielen Parkbuchten ist überwältigend. Höhenkrankheit ist nicht auszuschließen. In diesem Fall hilft neben der Umkehr allenfalls das Trinken größerer Wassermengen.

■ Cascade, 17 km nordwestl., www.pikespeak.us.com, tgl. 7.30–18 Uhr (Winter 9–15 Uhr), 15 $ pro Person bis max. 50 $ pro Fahrzeug (Winter 10/35 $)

Bizarre Gesteinsformation im Garden of the Gods bei Colorado Springs

33 Colorado Springs

 Restaurants

€ | Trail's End Taproom In dieser Brauerei zapft der Kunde sein Bier selbst, abgerechnet wird pro Flüssig-Unze. Dazu gibt's Pizza. ■ 3103 W Colorado Ave, www.trailsendtaproom.com, Mo–Do 15–22, Fr, Sa, 11–23, So 12–20 Uhr

€€€ | The Summit Neuamerikanische Küche mit vielen Zutaten aus Colorado. ■ 1 Lake Ave, Tel. 719 577 57 33, www.broadmoor.com, Di–So 17–21.30 Uhr

34 Great Sand Dunes National Park

Wüstenähnliche Dünenlandschaft vor majestätischer Kulisse

 Information

■ Visitor Center, 11999 State Highway 150, Mosca, CO 81146, Tel. 719 378 63 95, www.nps.gov/grsa, tgl. 8.30–17 Uhr (im Winter kürzer), Park durchgehend geöffnet, 20 $ pro Fahrzeug

Der Südwesten der USA kann sehr windig sein. So ist es auch zu erklären, dass zwischen zwei Gebirgszügen der Rocky Mountains die höchsten Dünen Nordamerikas herangewachsen sind. Seit etwa 12 000 Jahren speisen Sandablagerungen aus dem Rio Grande das Wachstum des erstaunlichen Gebildes, das an seiner höchsten Stelle fast 230 m aus der Ebene hervorragt. Seine ganze Kraft entfaltet der Anblick der Dünen aber erst vor den schneebedeckten Gipfeln der Sangre de Cristo Range. Wer früh aufsteht, kann mit etwas Glück außerhalb der Sommermonate in den angefrorenen Bachläufen die Tatzenabdrücke von Bären oder Berglöwen entdecken. Die Dünen sind ein herrliches Wanderrevier, doch es versteht sich von selbst, dass dieses außergewöhnliche Terrain eine gute Vorbereitung und die Mitnahme von reichlich Wasser erfordert. Auch Sandboarding, Reiten und Radabfahrten (»fat tiring«) gehören zu den Aktivitäten.

Sanddünen im Grand Sand Dunes National Park im Abendlicht

Pagosa Springs

Gefällt Ihnen das?

Sie mögen Dünen und Wüstenlandschaften? In diesem Fall sollten Sie einen Trip zum **White Sands National Monument** (S. 131) in Erwägung ziehen. Die Dünen sind ähnlich beeindruckend – nur der Sand ist weiß wie Schnee. Auch am Loneliest Highway türmt sich mit dem **Sand Mountain** (S. 81) eine Riesendüne auf.

Erlebnisse

Eine einzigartige Erfahrung ist eine Nachtwanderung in den Great Sand Dunes. Das gilt sowohl für die helle Variante bei Vollmond als auch für den ungehinderten Blick auf den Sternenhimmel bei Neumond. Von Mai bis Oktober bieten die Parkranger an vielen Abenden kostenlose Aktivitäten an. ■ www.nps.gov/grsa

35 Pagosa Springs

Kleinstadt mit heißen Quellen zum Entspannen

Information

■ Visitor Center, 105 Hot Springs Blvd, Pagosa Springs, CO 81147, Tel. 970 585 12 00, www.visitpagosasprings.com, Mo–Fr 9–17, Sa, So 9–16 Uhr

Ein bisschen Abwechslung gefällig zwischen den Pueblos von Mesa Verde, den Gebirgsketten und dem Great Sand Dunes National Park? Kein Problem! Pagosa Springs beherbergt eines der schönsten Thermalbäder der Vereinigten Staaten.

Sehenswert

The Springs Resort & Spa
| Thermalbad |

22 *Thermalbad mit heißen Quellen und kaltem Fluss*

23 kleine und größere Hotpods mit unterschiedlichen Wassertemperaturen unter freiem Himmel, eine angenehme Anlage und der oft eiskalte Fluss zur Abkühlung haben den Thermalquellen überregionalen Status beschert. Besonders schön ist es im Morgengrauen.
■ 165 Hot Springs Blvd, Tel. 970 264 41 68, www.pagosahotsprings.com, tgl. 7–23 Uhr, ab 26/14 $

Restaurants

€ | **Pagosa Brewing & Grill** Rustikales Brauhaus mit deftigen Burgern und teils abenteuerlichen Gerstensäften – u. a. mit Chili. ■ 118 N Pagosa Blvd, Tel. 970 731 27 39, www.pagosabrewing.com, tgl. 11–22, Sa, So ab 10 Uhr

ADAC *Mittendrin*

Colorado Historic Hot Springs Loop

Zwischen Steamboat Springs an der Grenze zu Wyoming und Pagosa Springs im Süden zählt Colorado immerhin 19 gut bis sehr gut entwickelte Thermalbäder. Im Wasser der heißen Quellen die Gliedmaßen zu entspannen, ist daher für nicht wenige Einheimische ein Teil der Lebenskultur. Fans können gar einen ganzen Urlaub danach ausrichten. Der Rundkurs allerdings ist gut 1150 Kilometer lang.
www.colorado.com/hotspringsloop

Mesa Verde National Park

Verlassene Felsensiedlungen der Pueblo-Völker

Information

■ Visitor and Research Center, 35853 Rd H.5, Mancos, CO 81328, Tel. 970 529 44 65, www.nps.gov/meve, tgl. 7.30–19 Uhr (im Winter kürzer), Park durchgehend geöffnet, 20 $ pro Fahrzeug

Vor mehr als 700 Jahren haben die Anasazi-Völker ihre bemerkenswerten Felsendörfer aus bisher noch ungeklärter Ursache verlassen. Wissenschaftler schätzen, dass die indigenen Stämme die rund 600 Behausungen von 600 bis 1300 n.Chr. bewohnt haben. Sie haben rund 5000 gut erhaltene archäologische Stätten zurückgelassen, die der Park schützt und die in ihrer Gesamtheit zum Weltkulturerbe der UNESCO gehören.

Auch geografisch ist der Nationalpark mehr als interessant: Wie der spanische Name (»grüner Tisch«) bereits andeutet, ist Mesa Verde ein dicht bewaldeter und zerklüfteter Tafelberg, der bis zu 600 m aus dem Umland herausragt. Das Terrain und seine archäologischen Schätze erschließen sich nicht zuletzt wegen der topografischen Besonderheiten deutlich schwieriger als die der meisten anderen Nationalparks.

Den besten Einblick in die verlorene Zivilisation der Anasazi ermöglicht der Cliff Palace mit seinen zusammenhängenden Behausungen, in denen einst mehr als 100 Menschen gelebt haben. Die Besichtigung der Bauten ist nur in Begleitung eines Rangers möglich, Interessenten können Tickets vorab im Besucherzentrum erwerben.

Die sogenannte Far View Site war die mutmaßlich am dichtesten bewohnte Gegend nach dem Jahr 1100. Der Mesa Top Road Circuit verbindet zehn Stätten innerhalb des Nationalparks auf autofreundliche Weise.

Million Dollar Highway

Atemberaubende Passstraße durch einsame Bergwelten

Information

■ www.durango.org

Der Highway 550 führt von Montrose, Colorado, bis vor die Tore von Albuquerque, New Mexico. Das wäre nicht weiter erwähnenswert, würde unterwegs nicht ein Straßenabschnitt aufwarten, der auch Weitgereisten das Herz höher schlagen lässt. Konkret handelt es sich um die 40 Kilometer von Silverton nach Ouray in den schroffen San Juan Mountains.

Unterwegs gilt es auf teils engen Serpentinen, bei denen jede Absperrung fehlt, den 3358 m hohen Red Mountain Pass zu bewältigen. Eine fahrerische Herausforderung, die nicht nur mit erhöhtem Adrenalinausstoß, sondern auch mit unvergesslichen Ausblicken belohnt wird. Beifahrer in Wohnmobilen sitzen dabei gelegentlich über dem Abgrund.

Der Name, so will es eine Legende, ist auf die Baukosten pro Meile in den 1920er-Jahren zurückzuführen. Eine andere besagt, dass sich der Name auf das zum Bau verwendete goldhaltige Gestein bezieht.

Million Dollar Highway

Der Million Dollar Highway führt durch eine beeindruckende Gebirgslandschaft

Sehenswert

Ouray
| Bergdorf |

Das Bergdorf liegt auf 2350 m Höhe in den San Juan Mountains, wo es rund um seine horizontal abfallende Main Street den Charme des Wilden Westens verbreitet. Eine Wellness-Einheit können Sie in den rustikalen Wiesbaden Springs (www.durango.org) einlegen. Einen gelungenen Abend verspricht der Besuch bei »Mr. Grumpy Pants« – so nennt sich der Braumeister der Ouray House Brewery (703 Main St, Ouray, CO 81427, tgl. 16.30–24 Uhr).

Durango
| Stadt |

Mit ihren breiten Straßen und den gut erhaltenen, malerischen Backsteinbauten aus der Gründerzeit ist die Innenstadt von Durango (17 000 Einw.) wie gemacht für Westernverfilmungen der Gegenwart. Außerdem locken eine abwechslungsreiche Natur und uralte Felsenwohnungen.
■ www.durango.org

Erlebnisse

Durango & Silverton Narrow Gauge Railroad Von Durango fährt eine dampfbetriebene, 140 Jahre alte Schmalspurbahn ins rund 800 m höher gelegene ehemalige Minenstädtchen Silverton. Nach gut 70 Kilometern erreicht man das von beeindruckenden Berggipfeln umgebene Winter- und Sommersportdorf Silverton. Die Bahnfahrt ist ein schönes Erlebnis für Nostalgiker jeden Alters.
■ www.durangotrain.com, Mai–Okt., Hin- und Rückfahrt ab 89/55 $

38 Black Canyon of the Gunnison National Park

Die dunkle, tiefe Schlucht bürgt für ungewöhnliche Naturerlebnisse

Information

■ 102 Elk Creek, Gunnison, CO 81230, Tel. 970 641 23 37, www.nps.gov/blca, Park durchgehend geöffnet
■ South Rim Visitor Center (11 km nördl. der Kreuzung der Highways 50 und 347), tgl. 8–18 Uhr, 20 $ pro Fahrzeug

Wann immer in früheren Jahrhunderten Menschen in diesen Teil des Landes vorgedrungen sind, standen sie vor einer unlösbaren Aufgabe: Der Black Canyon of the Gunnison mag an einer Stelle nur 345 m breit sein. Doch der Gunnison River hat sich dort 550 m tief in das Gestein eingegraben – für die indigenen Völker eine ebenso unüberwindliche Hürde wie für die Siedler. Wer über die steile und nur für geübte Wanderer geeignete Gunnison Route in den Canyon hinabsteigt, findet dort nur schwaches Tageslicht vor – was den Namen erklärt. Fast alle Autofahrer erreichen den Canyon am South Rim. Dort befindet sich auch der Ausgangspunkt für eine leichtere Wanderung: Der Rim Rock Nature Trail ist 1,6 Kilometer lang, vorbei an Wacholdersträuchern und tollen Ausblicken auf den Gunnison River führt er zum Rand des Canyons.

39 Colorado National Monument

Bizarre Landschaft als Ouvertüre zum großen, weiten Westen

Information

■ Saddle Horn Visitor Center, 1750 Rim Rock Dr, Fruita, CO 81521, Tel. 970 858 36 17, www.nps.gov/colm, tgl. 8–18 Uhr (im Winter kürzer), Park durchgehend geöffnet, 15 $ pro Fahrzeug

Westlich der Rocky Mountains wird sichtbar, mit welcher Kreativität der Colorado River in Jahrmillionen die Landschaft geformt hat. Unweit der Grenze zu Utah hat der Fluss eine tiefe Schlucht in den Sandstein gegraben. Wer den ebenso kurvenreichen wie spektakulären Rim Rock Drive hinauffährt, blickt bis zu 610 m in die Tiefe. Auf dem schroffen Land gedeihen vor allem Wacholder und Pinyon-Kiefern, doch auch Kakteen und Sukkulenten. Die 36 Kilometer lange Straße ist sowohl von Grand Junction als auch von Fruita aus zugänglich.

Die Felsdome Coke Ovens im Colorado National Monument

Rocky Mountain National Park

Wandern

Wanderung zu Devil's Kitchen Die mittelschwere Wanderung führt auf ansteigendem Gelände vorbei an einer Schlucht zu einer abgelegenen Formation aus gerundeten Nadelfelsen. Die Strecke ist nicht gesichert und sollte deshalb nur mit geeignetem Schuhwerk in Angriff genommen werden. Eine Karte steht auf der Homepage des Parks zum Download bereit.
- www.nps.gov/colm

Rocky Mountain National Park

Majestätische Berggipfel in unberührter Natur

Information

- Beaver Meadows Visitor Center, 1000 US Highway 36, Estes Park, CO 80517, Tel. 970 586 12 06, www.nps.gov/romo, tgl. 9–16.30 Uhr, Park durchgehend geöffnet, 20 $ pro Fahrzeug

Der kleine Lake Verna liegt im Westen des Rocky Mountain National Park

Die Gipfel der Rocky Mountains sind zwar vergleichbar hoch, aber deutlich weniger steil als die der Alpen. Die Baumgrenze indes befindet sich viel weiter oben als in Europa. So bietet das Gebirge einen Anblick, dessen man nicht müde wird: schneebedeckte Gipfel unter meist strahlend blauem Himmel, darunter Wälder aus intensiv duftenden Ponderosa-Pinien.

An kaum einem anderen Ort scheint die Landschaft so stimmig wie in diesem überwältigend schönen Nationalpark. Kaum irgendwo aber ist auch der Verkehr so dicht wie im Sommer auf der Trail Ridge Road: 98 Prozent der vier Mio. Besucher sehen wenig mehr als die Passstraße. Das lässt andererseits viel Platz für Wanderer. Das Besucherzentrum Beaver Meadows verdient besondere Beachtung: Es wurde von Frank Lloyd Wright entworfen, dem vielleicht amerikanischsten aller Architekten.

Sehenswert

Trail Ridge Road
| Panoramastraße |
Die zu Recht berühmte Passstraße führt über 77 Kilometer von Grand Lake nach Estes Park. Unterwegs gestatten Parkbuchten den Genuss des wundervollen Bergpanoramas. Der höchste Punkt befindet sich auf 3714 m, weshalb die Straße meist nur von Mitte Mai bis Anfang Oktober befahrbar ist. Unterwegs gilt es auch den

Rocky Mountain National Park

Millner Pass zu bewältigen, wo sich die »continental divide« befindet, die amerikanische Wasserscheide. In der Dämmerung zeigen sich in der Ebene Hirsche (»elk«) und Elche (»moose«). Der Verkehr ist zuweilen so dicht, dass die Parkleitung aktuell Beschränkungen erwägt.

Wandern

Wanderung auf den Deer Mountain
Die mit Abstand beliebteste Gipfelwanderung im Park ist gut zehn Kilometer lang, unterwegs gilt es rund 400 Höhenmeter zu überwinden. Ausgangspunkt ist Deer Ridge Junction, sieben Kilometer nordwestl. des Besucherzentrums Beaver Meadows.

In der Umgebung

Estes Park
| Ortschaft |
Dank seiner Lage an der Ostflanke der Rockies dient Estes Park als Einfallstor zum Nationalpark. Von der Outdoor-Ausrüstung bis hin zu Restaurants und Hotels finden Besucher hier alles für ihre Reise. Der Ort (6000 Einw.) ist historisch gewachsen und lockt mit einem kleinen Zentrum.
■ www.visitestespark.com

Winter Park
| Skigebiet |
Der am südlichen Zugang zum Nationalpark gelegene Ort war lange in erster Linie ein Ski-Resort. Aus der Retorte, aber schön gemacht. Die Pisten werden von 25 Liften gespeist. Von Januar bis März pendeln sogar Züge aus Denver hierher. Im Sommer lädt der Mountainbike-Park zu Abenteuern ein.
■ www.winterparkresort.com

Restaurants

€€ | The Rock Inn Mountain Tavern 1937 eröffnet, treffen sich hier bis heute die Einheimischen auf ein Sandwich. Auch neumodische Bowls kommen auf den Tisch. Wichtiger aber ist das Musikprogramm mit Songwritern aus Colorado. Jeden Donnerstag gibt es wilde Bluegrass-Konzerte. ■ 4 km südwestl. von Downtown, 1675 State Highway 66, Estes Park, Tel. 970 586 41 16, www.rockinnestes.com, tgl. ab 16 Uhr

Kneipen, Bars und Clubs

The Wheel Bar Seit 1945 eine Institution in Estes Park und bis heute in Besitz der Familie Nagl. ■ 132 E Elkhorn Ave, Estes Park, Tel. 970 586 93 81, www.thewheelbar.com, tgl. 10–2 Uhr

Sport

Sylvan Dale Guest Ranch Meditative Ausritte auf gut trainierten Pferden in wunderschönem Gelände – Gruppen ab sechs Personen können auch Barbecue oder Frühstück dazubuchen. ■ Sylvan Dale Guest Ranch, 2939 N County Rd 31D, Loveland, CO 80538, Tel. 970 667 39 15, www.sylvandale.com, Ausritt ab 43 $

41 Boulder

Charmante College-Stadt zu Füßen der Rocky Mountains

Information

■ Visitor Information Center, 1303 Pearl St, Boulder, CO 80302, Tel. 303 417 13 65, www.bouldercoloradousa.com, tgl. 11–17 Uhr

Boulder 41

Boulder (108 000 Einw.) ermöglicht die Verwirklichung eines Lebensentwurfs, der in den USA immer beliebter wird: ein unaufgeregter Alltag in einer attraktiven, liberalen Kleinstadt, der es dank der vielen Studenten, der geringen Distanzen, der Nähe zur Natur und einer guten gastronomischen Infrastruktur an nichts fehlt. So ist es kein Wunder, dass die Stadt in Rankings der attraktivsten Wohnorte der USA regelmäßig auf den vorderen Plätzen landet.

Sehenswert

Pearl Street
| Fußgängerzone |
Das Herz der Stadt: Fachgeschäfte für Bücher und nachhaltig produzierte Outdoor-Bekleidung wechseln sich in einer Fußgängerzone mit eigentümergeführten Cafés und Restaurants ab.
▪ www.boulderdowntown.com

Restaurants

€ | **Mountain Sun Pub & Brewery** Bei allen Generationen beliebter Brewpub mit guten Gerichten, die auch vegetarische und vegane Speisen umfassen. Rheinländer aufgepasst: Saisonal produziert das Haus Kölsch und Alt am selben Ort. ▪ 1535 Pearl St, Tel. 303 546 08 86, www.mountainsun pub.com, tgl. 11–1 Uhr

€€ | **Boulder Dushanbe Teahouse** In der Partnerstadt Tadschikistan angefertigt, wurde das Teehaus nach Boulder gebracht und dort wieder aufgebaut. Mit seiner auffälligen Erscheinung, seiner angenehmen Atmosphäre und der guten, orientalisch inspirierten Küche ist das Restaurant, das sich selbst als Symbol des Friedens sieht, zugleich eine Top-Sehenswürdigkeit der Stadt. ▪ 1770 13th St, Tel. 303 442 49 93, www.boulderteahouse.com, tgl. 8–21 Uhr

Die charmante Fußgängerzone Pearl Street liegt im Herzen von Boulder

Denver und Colorado

 ## Übernachten

Die Hotellandschaft Colorados ist so vielseitig, wie es nur eben geht: Vom Grandhotel europäischer Schule über lässige Stadtunterkünfte bis hin zur Herberge aus der Gründerzeit des Wilden Westens ist alles vorhanden. Eine besondere Attraktion sind die Dude Ranches, wo Aktivitäten wie Reiten und Fliegenfischen zum Tagesprogramm gehören.

Denver 136

€€–€€€ | **The Curtis** Einzigartiges Stadthotel, das sich ganz der Pop-Art verschrieben hat. Die Tatsache, dass das Haus unter der Doubletree-Dachmarke von Hilton firmiert, fällt kaum auf. ■ 1405 Curtis St, Denver, CO 80202, Tel. 303 571 03 00, www.thecurtis.com

€€–€€€ | **The Maven** Nagelneues Designhotel mit klaren Linien und viel Stil. Das Gebäude befindet sich direkt neben dem Milk Market in Lower Downtown. ■ 1850 Wazee St, Denver, CO 80202, Tel. 720 460 27 27, www.themavenhotel.com

€€€ | **The Art Hotel** Das Hotel befindet sich im Museumsviertel, an den Wänden der Zimmer hängen avantgardistische Gemälde. Viele Zimmer mit Blick auf die Rocky Mountains. ■ 1201 Broadway, Denver, CO 80203, Tel. 303 572 80 00, www.thearthotel.com

Colorado Springs 142

€–€€ | **Buffalo Lodge** Eigentümergeführtes Hotel, das sich unweit von Manitou Springs auf die Bedürfnisse von Radfahrern spezialisiert hat. Unkonventionell und freundlich, einfache, aber saubere Zimmer. ■ 2 El Paso Blvd, Colorado Springs, CO 80904, Tel. 719 634 28 51, www.bicycleresort.com

Million Dollar Highway 146

€–€€ | **Strater Hotel** Denkmalgeschütztes Haus in Downtown. Die Zimmer sind mit Antiquitäten aus der Epoche der Pioniere eingerichtet. ■ 699 Main Ave, Durango, CO 81301, Tel. 970 247 44 31, www.strater.com

€€ | **Historic Western Hotel** Charmantes Hotel mit hauseigenem, urigem Saloon, das sich aus der Pionierzeit im ausklingenden 19. Jh. ins 21. Jh. hinübergerettet hat. ■ 206 und 210 7th Ave, Ouray, CO 81427, Tel. 970 325 46 45, www.historicwesternhotel.com

Rocky Mountain National Park 149

€–€€ | **YMCA of the Rockies** Zu Füßen der Berge betreibt der Christliche Verein Junger Menschen eine riesige Ferienanlage. Familien können Hütten mit Panoramaterrassen mieten. Zur Anlage gehören auch Zipline, Bogenschießanlage und Minigolfplatz. ■ Estes Park Center, 2515 Tunnel Rd, Estes Park, CO 80511, Tel. 970 586 33 44, www.ymcarockies.org

€€ | **Sylvan Dale Dude Ranch** Prächtiges Anwesen auf einer 1300 Hektar großen Landparzelle. Zum Konzept der Dude Ranch gehören neben naturnahen Unterkünften auch Aktivitä-

Übernachten

ten wie Reiten, Bogenschießen und Angeln. ■ 2939 N County Rd 31D, Loveland, CO 80538, Tel. 970 667 39 15, www.sylvandale.com

€€–€€€ | **The Ridgeline Hotel** Familienfreundliche Unterkunft mit bequemen Betten im Stil eines modernen Berghotels. Zur Anlage gehören Pool, Spielsalon und ein Restaurant, in dem Burger aus Hirschfleisch auf den Tisch kommen. ■ 101 S Saint Vrain Ave, Estes Park, CO 80517, Tel. 970 586 23 32, www.ridgelinehotel.com

€€€ | **Devil's Thumb Ranch** Grandiose Ranch mit Blick auf die Rocky Mountains. Die Zimmer haben Panoramafenster und einen Kamin. Zum Anwesen gehören Spa, Bowlingbahn, Pool, Kino und Restaurant. Wer mag, kann reiten, fliegenfischen oder sich an Bord einer Westernkutsche neue Ausblicke verschaffen. ■ 3530 County Rd 83, Tabernash, CO 80478, Tel. 970 726 70 00, www.devilsthumbranch.com

€€€ | **The Stanley Hotel** Das Grandhotel alter Schule wurde im Jahr 1909 als eines der ersten in den Rocky Mountains eröffnet. Seine Bekanntheit verdankt der im Neokolonialstil gehaltene Bau seiner Rolle als Schauplatzvorlage für Stephen Kings Roman »The Shining«. Amerikaner erfreuen sich an den anhaltenden Gerüchten, dass es in dem Haus spukt. ■ 333 Wonderview Ave, Estes Park, CO 80517, Tel. 970 577 40 00, www.stanleyhotel.com

Boulder 150

€€€ | **Hotel Boulderado** Sehr stilvolles, charmantes Hotel mit gediegenem Komfort in einem wunderbaren Backsteinbau. Hier steigen die Eltern der College-Kids ab, wenn es etwas zu feiern gibt. ■ 2115 13th St, Boulder, CO 80302, Tel. 303 442 43 44, www.boulderado.com

ADAC *Das besondere Hotel*

The Broadmoor Das ehrwürdige Hotel war 1918 einer der ersten Versuche, den Standard europäischer Grandhotels in die Rocky Mountains zu überführen. Dieses Vorhaben ist gelungen, denn das auf den untersten Flanken der Berge an einem See gelegene Haus ist seit seiner Eröffnung mit den höchsten aller Auszeichnungen dekoriert: fünf Diamanten des amerikanischen Automobilclubs AAA. Auch wenn die Einrichtung konservativ ist, so können sich Gäste darauf verlassen, dass in diesem Haus alles stimmt.
€€€ | The Broadmoor, 1 Lake Ave, Colorado Springs, CO 80906, Tel. 855 634 77 11, www.broadmoor.com

Utah und seine Nationalparks

Kein anderer Ort ist mit derart vielen Landschaften gesegnet, die Besucher zum Staunen bringen

Der Süden und der Osten von Utah unterscheiden sich erheblich von den anderen vier Staaten des Südwestens: Größere Ballungsräume oder attraktive Städte gibt es hier nicht zu entdecken. Dafür ist die Dichte an Nationalparks und anderen verblüffenden Naturattraktionen jedoch größer als in allen anderen Regionen des Landes. Vor allem das klassische Trio aus Zion, Bryce Canyon und Arches darf bei keinem Trip durch den Südwesten auf der »Bucket List« fehlen. Die Landschaften sind schlichtweg sensationell – und sie lassen sich sowohl auf einfache Weise mit dem Auto als auch mit mehr Aufwand in Form einer Wanderung oder per Fahrrad erkunden. Die enorme Popularität und die gute Erreichbarkeit der Parks in Utah haben allerdings auch zu einem dramatischen Anstieg der Besucherzahlen geführt. In der Hochsaison von April bis Oktober ist der Individualverkehr nur begrenzt möglich, zum Teil werden stattdessen Shuttles eingesetzt. Wer in geschmackvollen Domizilen nächtigen möchte, sollte sich rechtzeitig um deren Buchung kümmern.

In diesem Kapitel:

42 **Zion National Park** 156
43 **Bryce Canyon National Park** 158
44 **Kodachrome Basin State Park** 160
45 **Capitol Reef National Park** 161
46 **Arches National Park** 162
47 **Moab** 164
48 **Canyonlands National Park** 165
49 **Natural Bridges National Monument** 166
50 **Lake Powell** 166
Übernachten 168

ADAC Top Tipps:

 Zion National Park
| Nationalpark |
Mit seinen zerklüfteten Felsenlandschaften, seinen steilen rötlichen Klippen und unterschiedlichen Lebensräumen versetzt der Nationalpark im südwestlichen Utah auch routinierte Urlauber ins Staunen. 156

 Arches National Park
| Nationalpark |
Mit mehr als 2000 Steinbogen und Naturbrücken auf relativ engem Raum ist dieser Nationalpark schlichtweg erstaunlich. 162

ADAC Empfehlungen:

 Angels Landing Trail, Zion National Park
| Wanderung |
Die Wanderung ist anspruchsvoll. Doch zur Belohnung erwartet die Sportler ein Aussichtspunkt mit phänomenalem Rundblick. 157

 Dead Horse Point State Park
| Naturpark |
Der Ausblick über eine Flusskurve des Colorado River ist für sich gesehen schon kaum zu übertreffen, doch das Licht der Dämmerung oder ein stahlblauer Himmel sorgen für Abwechslung. 165

 Trip mit dem Hausboot, Lake Powell
| Erlebnis |
Der inmitten der Wüste gelegene Stausee wirkt wie eine Fata Morgana, ist aber ein perfektes Revier für eine Tour mit dem Hausboot. 167

Zion National Park

> *Erstaunliche Felsenlandschaft mit großem Farbspektrum*

Information

■ Visitor Center, 1 Zion Park Blvd, State Route 9, Springdale, UT 84767, www.nps.gov/zion, Tel. 435 772 32 56, tgl. 8–19 Uhr (im Winter bis 17 Uhr), Park durchgehend geöffnet, 30 $ pro Fahrzeug

Versteinerte Sanddünen, dramatisch eingefärbte Felsen, hängende Gärten, tiefe Täler, atemberaubende Schluchten, hohe Berge, beeindruckende Straßen – und die vielleicht spektakulärste Wanderung der USA. All dies vereint der Nationalpark auf der vergleichsweise kleinen Fläche von 594 Quadratkilometern (Grand Canyon: 4863 km²). Das macht den Park, der seinen Namen den Mormonen verdankt, zu einem der attraktivsten Ziele im Südwesten. Mehr als 4,5 Mio. Besucher wollen die Leistungsshow von Mutter Natur jedes Jahr bewundern. Für die Parkerkundung zieht das auf dem Canyon Scenic Drive erhebliche Einschränkungen nach sich (S. 157). Zwei weitere Panoramastraßen sind zurzeit frei befahrbar. Die meisten Besucher kommen aus Richtung Springfield, weitere Möglichkeiten sind die Anreise aus Osten von Mount Carmel Junction oder der Parkeintritt im Nordosten bei den Kolob Canyons. Zion ist ein herrliches Revier zum Wandern und Radeln, und auch Fans von abenteuerlichen Sportarten wie Klettern und Raften kommen auf ihre Kosten.

Wildwest-Szenerie auf dem Angels Landing Trail im Zion National Park

Zion National Park 42

Sehenswert

Highway 9
| Panoramastraße |
Die Straße führt über 82 sehenswerte Kilometer durch weite Teile des Parks. Unterwegs warten sechs atemberaubende Serpentinen, ein kühner Tunnel und als Highlight Checkerboard Mesa, ein Tafelberg aus Sandstein.
■ Zwischen La Verkin (im Westen) bis nach Mt. Carmel Junction (im Osten)

Kolob Canyons
| Panoramastraße |
Die acht Kilometer lange Panoramastraße schlängelt sich im Nordwesten des Parks auf kurvenreicher Strecke vorbei an Bergen und Canyons. Auch hier ist Individualverkehr (noch) erlaubt.
■ 3752 E Kolob Canyon Rd, New Harmony, UT 84757

Zion Canyon Scenic Drive
| Panoramastraße |
Die ideale Straße zur Erkundung einiger Highlights im Schnelldurchgang. Der Shuttlebus (Pflicht von März bis Nov.) hält an diversen Aussichtspunkten und anderen Attraktionen.
■ Ab Besucherzentrum, keine Zusatzkosten, 90 Min.

Parken

Von Mitte März bis November ist der Park für Privatwagen gesperrt. Wer den Zion Canyon Scenic Drive absolvieren möchte, kann dies in einem kostenlosen Shuttlebus machen. Wegen der angespannten Parkplatzlage wird Besuchern empfohlen, bereits in Springdale zu parken und von hier aus einen weiteren Shuttlebus zu nehmen.

Wandern

Angels Landing Trail Geübte Wanderer können einen der imposantesten und populärsten Aufstiege der USA absolvieren. Über rund 4,5 Kilometer geht es bei einem Höhenunterschied von 450 m zu einem Gipfel. Der Weg ist gut ausgebaut. Auf dem letzten Kilometer müssen Passagen gemeistert werden, die Trittsicherheit und Schwindelfreiheit voraussetzen. Seilketten geben zusätzlichen Halt. Wer sich das nicht zutraut, sollte an diesem Punkt nicht weitergehen. Wie bei allen anderen Wanderungen sollte man sich vorab unbedingt informieren, ob Niederschläge oder große Hitze drohen. Zur Belohnung wartet der sensationelle Blick auf den Virgin River, der sich 500 m tiefer durch das Tal windet. Hin und zurück sollte man fünf Stunden einplanen.
■ www.zionnationalpark.com, Stichwort »Angels Landing Trail«

Wanderung durch The Narrows An der Endstation des Zion Scenic Drive (Temple of Sinawava) führt der Riverside Walk hinab zu The Narrows, wo der wohl bekannteste Wanderweg beginnt: Durch ein seichtes Flussbett geht es zu sehenswerten Sandsteinschluchten. Dies erfordert Erfahrung und die geeignete Ausrüstung.

In der Umgebung

Springdale
| Ort |
Reizvoll gelegen, verfügt der kleine Ort über eine vollständige Infrastruktur mit Hotels, Restaurants und Fachgeschäften für Outdoor-Bedarf.
■ 3 km südl. des Besucherzentrums, www.springdaletown.com

Im Blickpunkt

Die Mormonen – Utahs etwas spezielle Bewohner

Wer Utah hört, denkt an Mormonen. Es handelt sich um eine Glaubensgemeinschaft, die sich neben der Bibel auch auf das Buch Mormon beruft. Das Werk versteht sich als eine Art Fortschreibung der Heiligen Schrift, welche auch die Besiedlung Amerikas beinhaltet. Es existieren rund 70 unterschiedliche Ausrichtungen. Viele Mormonen zogen im 19. Jh. nach Utah, wo sie Brigham Young als ihren Propheten anerkannten. Die rund 1,5 Mio. Anhänger der Glaubensgemeinschaft verzichten auf Alkohol und Glücksspiel. Von vielen Amerikanern werden sie skeptisch beäugt.

King's Landing
| Restaurant |
Hier wird exzellente neuamerikanische Küche serviert.
■ 1515 Zion Park Blvd, Springdale, UT 84767, Tel. 435 772 74 22, www.klbzion.com, in der Saison tgl. ab 17 Uhr

St. George
| Stadt |
Die größte Stadt im Südwesten Utahs (83 000 Einw.) eignet sich zum Stopover auf der Durchreise. Bemerkenswert ist der Mormonentempel Church of Jesus Christ of Latter-day Saints von 1877 (nur von außen, mit Besucherzentrum, St. George Temple Visitors' Center, 490 S 300 E, www.stgeorgetemplevisitorscenter.info).
■ 75 km westl., www.visitstgeorge.com

Sport

St. George Marathon Lust auf einen Wüstenmarathon? Der steigt in St. George auf schönen Straßen im Oktober. Anmeldeschluss ist Ende Juni.
■ www.stgeorgemarathon.com

Bryce Canyon National Park

Ein farbenfrohes Ensemble aus Felsnadeln und Amphitheatern

Information

■ Visitor Center, Highway 63, Bryce, UT 84764, Tel. 435 834 53 22, www.nps.gov/brca, tgl. 8–20 Uhr (im Winter kürzer), Park durchgehend geöffnet, 30 $ pro Fahrzeug

Sie könnten aus dem Atelier eines Bildhauers stammen oder aus den Tiefen einer Höhle. Tatsächlich aber sind die »Hoodoos«, wie Amerikaner die Felsnadeln bezeichnen, das Ergebnis von Erosion durch Frost, Eis, Wind und Wasser. Auf einer Höhe von 2400 bis 2700 m ist der Bryce Canyon eine Art Bruchkante des Paunsaugunt Plateau. Mit etwas Fantasie und bei geeigneter Perspektive sieht der Betrachter ein Ensemble steil abfallender Amphitheater, die aus den bis zu 60 m hohen Sandsteingebilden gebaut scheinen. Seine ganze Pracht spielt das Ensemble im Licht der Dämmerung aus. Eingang und Besucherzentrum sind im Norden des Parks. Von hier aus sind es nur wenige Kilometer bis zu den vier bekanntesten Aussichtspunkten. Einige Einrichtungen zur Versorgung sind außerhalb des Parks in der Siedlung Bryce vorhanden.

Bryce Canyon National Park 43

 Sehenswert

Natural Bridge
| Aussichtspunkt |
Der beliebte Aussichtspunkt auf dem Weg in den höher gelegenen Süden des Nationalparks ermöglicht den Ausblick auf eine der spektakulären Naturbrücken – mit einer Länge von 26 m und einer Höhe von 38 m ist die Natural Bridge ein einzigartiges Fotomotiv.

■ 19 km südwestl. des Besucherzentrums

Rim Road
| Panoramastraße |
Die knapp 30 Kilometer lange Hauptstraße des Nationalparks führt zu vielen monumentalen Ausblicken. Von April bis Oktober wird sie im Norden zur Vermeidung von Verkehr, Lärm und Verschmutzung von einem Shuttlebus frequentiert. Dessen Benutzung ist noch nicht vorgeschrieben, allerdings werden Besucher zwecks Vermeidung dringend darum gebeten. Zum Parcours gehören 15 Haltestellen, darunter auch die vier bekanntesten Aussichtspunkte: Bryce Point, Inspiration Point, Sunset Point und Sunrise Point.

■ Reine Fahrtzeit 50 Minuten, Passagiere können nach Belieben an den Haltestellen aussteigen

Rainbow Point Shuttle Tour
| Panoramastraße |
Ausflug per Bus in die südlichen Gefilde des Parks, Reservierungen sind erforderlich und können sieben Tage vor Abfahrt nach dem Prinzip »first come, first serve« vorgenommen werden.

■ 9 und 13.30 Uhr, 3,5 Std., Tel. 435 834 52 90, www.nps.gov/brca

 Parken

Die Benutzer des Shuttlebusses können ihren Wagen außerhalb des Parks an der ausgewiesenen Haltestelle Shuttle Station kostenlos abstellen.

 Wandern

Queen's Garden Trail Der Trail führt über drei Kilometer und knapp 200 Höhenmeter durch das majestätische Amphitheater der Felsnadeln. Unterwegs erwartet die Wanderer ein Fels, dessen Silhouette Queen Victoria gleichen soll. Die Strecke ist mit dem Navajo Trail und dem Rim Trail kombinierbar, in diesem Fall ergibt sie einen Rundkurs von knapp fünf Kilometern.

■ Start am Sunrise Point

Naturbrücke im Bryce Canyon NP

43 Bryce Canyon National Park

Felsformationen in unterschiedlichen Farbtönen im Kodachrome Basin State Park

Erlebnisse

Wer Vollmond und Wanderungen liebt und darüber hinaus Lotterien nicht scheut, kann sich an ausgesuchten Terminen für Tickets für eine geführte Nachtwanderung bewerben.
■ Details unter www.nps.gov/brca, Stichwort »full moon hike«

44 Kodachrome Basin State Park

Farbenfrohe Gesteinsformationen mit kurioser Entstehungsgeschichte

Information

■ Visitor Center, Kodachrome State Park Rd, Henrieville, UT 84736, Tel. 435 679 85 62, www.stateparks.utah.gov, tgl. 6–22 Uhr, 8 $ pro Fahrzeug

In anderen Regionen wäre dieser Park eine Sehenswürdigkeit ersten Ranges. Im mit Naturschönheiten gesegneten Utah hingegen ist das nur 16 Quadratkilometer große Areal einer derart großen Konkurrenz ausgesetzt, dass es ihm droht, übersehen zu werden. Als wäre es selbstverständlich, beherbergt der Park zum Beispiel 67 mehr oder weniger frei stehende Sandsteinfelsen, die wahlweise auch als Kamine oder schlichter als Monolithen bezeichnet werden. Die bis zu 50 m hohen Gebilde schillern in einem Farbspektrum, das von gelb über rosa bis zu weiß und braun reicht.

Von der Farbenpracht rührt auch der Name des heutigen Parks: Eine Expedition der National Geographic Society hat sich im Jahr 1948 beim Anblick der Sandsteinfelsen an die Farben des Diapositivfilms aus dem Hause Kodak erinnert gefühlt – wenig später wurde einem Antrag auf Umbenennung stattgegeben.

Die Felsen befinden sich in einem Talkessel. Ihre Entstehung erklären

Wissenschaftler damit, dass es sich um ehemalige Geysire handelt, deren Ränder härter geworden sind und somit der allgegenwärtigen Erosion standhalten konnten. Der bequem mit dem Auto erreichbare Panorama Trail gestattet einen gut fünf Kilometer langen Rundgang.

 In der Umgebung

Grand Staircase-Escalante National Monument
| Naturpark |

Das riesige Schutzgebiet im Süden Utahs umfasst Schluchten, Berge und bizarre Felsformationen. In der steinigen Wüste wurden große Mengen an Fossilien gefunden, unter anderem von Dinosauriern. Das National Monument zählt zu den isoliertesten Gegenden der USA und ist auch deshalb ein perfektes Terrain für Naturfreunde, Wanderer und Abenteurer.
■ www.blm.gov

45 Capitol Reef National Park

Geologisches Phänomen mit farbenfrohen Gesteinsformationen

 Information

■ Visitor Center, Utah State Route 24, Torrey, UT 84775, Tel. 435 425 37 91, www.nps.gov/care, tgl. 8–16.30 Uhr, Park durchgehend geöffnet, 15 $ pro Fahrzeug

Im Vergleich zu kapriziösen Naturwundern wie dem Grand Canyon scheint dieser Nationalpark zunächst wie ein Mauerblümchen. Die Natur hat sich hier lediglich zur Anlage einer Falte in der Erdkruste entschlossen, dem Waterpocket Fold. Dieser aber misst in seiner Nord-Süd-Ausdehnung stolze 150 Kilometer. Siedler fühlten sich an ein Riff erinnert, das für sie ein erhebliches Hindernis darstellte. Auch domförmige Gesteinsformationen haben zur Bildung des Namens beigetragen. Wenn diese im Licht der Dämmerung bunte Farben annehmen, entfaltet der Park seine subtile Schönheit. Die populärste Form der Erkundung ist der 15 Kilometer lange Capitol Reef Scenic Drive, der am Besucher-

Im Blickpunkt

Naturschutz gegen Wirtschaftsinteressen

Umweltschützer haben mit Entsetzen auf die Ankündigung von Präsident Donald Trump reagiert, die Fläche des Grand Staircase-Escalante National Monument und des im Südosten Utahs gelegenen Bears Ears National Monument drastisch zu verkleinern. Beide Naturschutzgebiete waren erst vor relativ kurzer Zeit von Trumps Vorgängern Bill Clinton und Barack Obama unter Schutz gestellt worden. Trump hingegen hat die Schutzzonen Ende 2017 per Dekret um eine Fläche reduziert, die dreimal so groß wie das Saarland ist. Kritiker fürchten, dass wirtschaftliche Interessen dahinterstehen. Unter dem Grand Staircase wird eines der größten Steinkohlevorkommen des Kontinents vermutet. Auch könne die Ausbeutung des Landes durch Fracking infrage kommen.

zentrum beginnt. Dieser führt auch durch die Geisterstadt Fruita, die 1880 von Mormonen gegründet wurde. Zu ihren Hinterlassenschaften gehört unter anderem eine Plantage mit 2700 Obstbäumen, deren Früchte die Parkbesucher je nach Saison zum Eigenkonsum ernten dürfen. In der Gegend von Fruita befinden sich auch die Ausgangspunkte von 15 unterschiedlich langen Wanderwegen sowie das Farmhaus Gifford Homestead (tgl. 8–17 Uhr), das einen Blick zurück in die Siedlungshistorie erlaubt. Ein nicht asphaltierter Weg führt drei Kilometer westlich des Besucherzentrums zum Gooseneck Overlook, einem mehr als 250 m hohen Aussichtspunkt.

46 Arches National Park

 Wunderland mit mehr als 2000 frei stehenden Steinbrücken

Information

■ Visitor Center, Arches Entrance Rd, Moab, UT 84532, Tel. 435 719 22 99, www.nps.gov/arch, tgl. 7.30–17 Uhr, Park durchgehend geöffnet, 30 $ pro Fahrzeug

Die Baumeister des Colorado-Plateaus haben bei seiner Ausgestaltung nur wenige kreative Elemente ausgelassen. Doch ein Nationalpark mit über

Der Delicate Arch ist der größte frei stehende Naturbogen im Arches National Park

2000 natürlich entstandenen Steinbogen und Naturbrücken sollte auch dem erfahrensten Reisenden noch ein Raunen entlocken können.

Wie die anderen Gesteinsformationen im Südwesten sind auch diese Schöpfungen das Ergebnis fortwährender Erosion und Verwitterung. Einige von ihnen sind derart fotogen, dass sie bereits die Titelseiten von Reisemagazinen geziert haben. Der größte trägt den Namen Landscape Arch und misst fast 100 m, während das kleinste registrierte Exemplar lediglich einen Meter überspannt. Die Farben des Gesteins und die Komposition der anderen Landschaftselemente – Hunderte Felsnadeln, riesige Felsen, Koniferen und Grasland – verleihen dem Park einen zusätzlichen Reiz.

Weite Teile des Nationalparks sind über die eine vorhandene Straße leicht zugänglich. Das hat jedoch auch seine Schattenseiten, denn Arches ist mittlerweile derart populär, dass die Parkleitung von März bis Oktober vor Staus warnt. Ein Shuttlesystem wie im Zion und Bryce Canyon gibt es hier jedoch noch nicht.

Abgesehen von Zeltplätzen existiert keinerlei touristische Infrastruktur im Park, Restaurants und Quartiere finden Besucher im nahen Moab. Wie in allen Nationalparks gilt auch hier: Wer das erhabene Naturerlebnis und Einsamkeit sucht, konzentriert sich auf die unzugänglicheren Wanderwege und die weniger bekannten, doch ähnlich attraktiven Landschaften abseits der Hauptstraße.

Sehenswert

Delicate Arch
| Felsformation |
Mit rund 15 m Höhe und zehn Meter Breite ist dies der größte frei stehende Natursteinbogen im Park. Wer das perfekt geformte Phänomen aus der Nähe in Augenschein nehmen möchte, muss eine rund fünf Kilometer lange Wanderung in Kauf nehmen, bei der es 150 Höhenmeter zu überwinden gilt. Wer die mittelschwere Anstrengung auf sich nimmt, wird unterwegs mit dem Anblick jahrtausendealter Petroglyphen belohnt, die Mitglieder des Ute-Volks hinterlassen haben. Auch kommen Wanderer an der Wolf Ranch vorbei. Das im Jahr 1908 von Pionieren gebaute Anwesen ist gut erhalten.

■ 20 km nordöstl. des Besucherzentrums

46 Arches National Park

Blick vom Dead Horse Point State Park auf den Colorado River

Landscape Arch
| Felsformation |
Im Unterschied zu Delicate Arch ist dieser Natursteinbogen mit einer Spannweite von fast 100 m nicht frei stehend, weshalb er auch als Naturbrücke bezeichnet wird. Wer diese sehen möchte, muss den Arches Scenic Drive bis zum Ende durchfahren und anschließend eine Wanderung von drei Kilometern (hin und zurück) absolvieren.
- 29 km nördl. des Besucherzentrums

Windows Section
| Landschaft |
Besucher mit einem knappen Zeitbudget konzentrieren sich auf dieses unwirklich anmutende Ensemble, wo das Gestein so aussieht, als sei es aus ebenso leicht formbarer wie großzügig vorhandener Knetmasse hergestellt worden: Eine ganze Reihe von Steinbogen, Naturbrücken, Felsnadeln, Tafelbergen und unerwarteten Durchbrüchen konkurrieren um die Aufmerksamkeit von Betrachtern und ihren Kameras.
- 20 km nordöstl. des Besucherzentrums

47 Moab
Die quirlige Kleinstadt am Colorado River steht für das »neue Utah«

Information

- Information Center, 25 E Center St, Moab, UT 84532, www.discovermoab.com, Mo–Sa 8–19, So 9–18 Uhr

Obwohl der Name aus dem Alten Testament stammt, verkörpert Moab (5000 Einw.) eine spürbare Aufbruchstimmung im Land der Mormonen: Zwischen den Nationalparks Arches und Canyonlands gelegen, scheinen hier die jungen Naturfreunde den gottesfürchtigen Asketen den Rang abgelaufen zu haben. Wandern, Mountainbiking, Rafting und ähnliche Aktivitäten sind die neue Religion. Nette Cafés und Restaurants steigern die Aufenthaltsqualität.

Restaurants

€ | Susie's Branding Iron Nahr- und schmackhafte Cowboy-Mahlzeiten in rustikalem Ambiente mit Wildwest-Flair. Große Portionen und Speisekarte.
- 2971 South Highway 191, Tel. 435 259 62 75, www.susiesbrandingiron.com, tgl. 11.30–21 Uhr

€ | **Sweet Cravings** Hausgemachte Backwaren und Bio-Kaffee machen dieses Café zu einer beliebten Adresse für Frühstück und Lunch. Spezialität des Hauses sind die lecker-süßen Zimtrollen. ■ 397 N Main St, Tel. 435 259 89 83, www.cravemoab.com, tgl. 7–16 Uhr (Winter 8–15 Uhr)

€€€ | **Sunset Grill** Von Cajun Shrimp bis zu Honey Pecan Chicken lässt die Speisekarte keinen amerikanischen Wunsch offen. Der 180-Grad-Ausblick auf die Felsenlandschaft verleiht im Sonnenuntergang einem Besuch die zusätzliche Würze. ■ 900 N Main St, Tel. 435 259 71 46, www.moabsunsetgrill.com, Mo–Sa 17–22 Uhr

Kinder

Moab Giants Der Mini-Themenpark befriedigt vor allem kindlichen Wissensdurst nach prähistorischen Welten, die unter anderem in Form von Dinosauriermodellen und 3-D-Animationen lebendig werden. ■ 112 West SR-313, Tel. 435 355 02 88, www.moabgiants.com, tgl. 10–18 Uhr (Eintritt bis 17 Uhr), 22 $ (Familien 70 $)

In der Umgebung

Dead Horse Point State Park
| Naturpark |

 Beeindruckender Blick auf den Colorado River aus luftiger Höhe
Von der südlichen Spitze des Parks hat man aus über 1700 m Höhe einen sensationellen Blick auf den 600 m tiefer gelegenen Colorado River, der an dieser Stelle eine 180-Grad-Kurve macht.
■ 52 km südwestl. von Moab, Tel. 435 259 26 14, stateparks.utah.gov, tgl. 6–22 Uhr (Visitor Center tgl. 9–17 Uhr)

Canyonlands National Park

Erstaunliche Schluchtenlandschaft auf einem Hochplateau

Information

■ Island in the Sky Visitor Center, Grand View Point Rd, 50 km südwestl. von Moab, Moab, UT 84532, Tel. 435 719 23 13, www.nps.gov/cany, Ende März–Ende Nov. tgl. 9–17 Uhr, Park durchgehend geöffnet, 30 $ pro Fahrzeug

Der Colorado River und der Green River haben sich tief in den Sandstein

ADAC *Mittendrin*

State Parks
Viele Nationalparks in den USA leiden unter ihrem eigenen Erfolg. Allein den Zion National Park haben zuletzt 4,5 Mio. Menschen pro Jahr besucht, im Grand Canyon waren es 6,2 Mio. Auf den hervorragend gemachten Straßen, die oft durch die schönsten Landschaften führen, herrscht nicht selten Stau. Einheimische meiden die Touristenmagneten daher verstärkt. Auf Abenteuer in der Natur müssen sie deswegen nicht verzichten, denn das Angebot an Alternativen ist reich, die unter Namen wie National Monument oder National Forest firmieren. Jeder Bundesstaat unterhält darüber hinaus State Parks, die oft nicht weniger spektakulär als Nationalparks sind. Allein Utah zählt 40 davon, darunter so sehenswerte wie das Kodachrome Basin.
www.stateparks.com

eingegraben. Im Canyonlands National Park sind die Schluchten bis zu 300 m tief. Ihr Zusammenfluss teilt das Gelände des größten Nationalparks Utahs in drei unterschiedlich schwer zugängliche Segmente.

Am bekanntesten ist Island in the Sky. Von den Gipfeln der umliegenden Gebirge betrachtet, scheint das Hochplateau durch die vom Fluss geformten Schluchten tatsächlich wie eine schwebende Insel. Die Grand View Point Road ermöglicht die problemlose Fahrt zum gleichnamigen Ausblick über die Schluchten (50 km hin und zurück).

Deutlich weniger besucht sind die beiden anderen Abschnitte des Parks: The Needles ist eine schroffe Landschaft mit bizarren Felsnadelformationen, während The Maze ausschließlich aus westlicher Richtung und dort auch nur mit einem Allradfahrzeug erreicht werden kann.

49 Natural Bridges National Monument

Drei fotogene Naturbrücken auf ganz engem Raum

Information

 Visitor Center, Natural Bridge, 175 km südwestl. von Moab, Lake Powell, UT 84533, Tel. 435 692 12 34, www.nps.gov/nabr, tgl. 9–17 Uhr, Park durchgehend geöffnet, 15 $ pro Fahrzeug

Springfluten, Erosion und Wind haben im White und Armstrong Canyon drei fantastische Naturbauwerke geformt. Alle drei sind nach Mitgliedern des indigenen Hopi-Volks benannt und besitzen eine beachtliche Spannweite: Sipapu ist 66 m breit, Kachina 63 m und Owachomo 33 m. Über eine 15 Kilometer lange Straße sind alle drei leicht mit dem Auto erreichbar. Wanderwege führen tiefer in die Landschaften hinein, wobei das Naturerlebnis sofort intimer wird.

In der Umgebung

Four Corners
| Denkmal |

Wer binnen weniger Sekunden vier US-Bundesstaaten besuchen möchte, ist an dieser Stelle genau richtig: Auf dem Territorium der Navajo laufen die Grenzlinien von Utah, Arizona, Colorado und New Mexico gerade aufeinander zu. Es ist das einzige Vierländereck in den USA – Anlass genug, ein kleines Monument einzurichten.

 160 km südöstl. von Natural Bridges, tgl. 8–19.45 Uhr (im Winter kürzer), Eintritt 5 $

50 Lake Powell

Mächtiger Stausee mitten in der Wüstenlandschaft

Information

 Carl Hayden Visitor Center, US 89, 2 km nordwestl. von Page, Lake Powell, AZ 84533, Tel. 928 608 62 00, www.nps.gov/glca, tgl. 8–18 Uhr (im Winter kürzer)

Während sich die Natur Hunderte Millionen Jahre Zeit ließ, um die Canyon-Landschaften des Südwestens zu gestalten, benötigt der Mensch zuweilen nur wenige Jahre, um sie mit Wasser zu füllen. Im Grenzgebiet von Utah und Arizona konnte der Lake Powell entstehen, nachdem 1963 bei Page (S. 98) der Glen Canyon Dam vollendet wurde. Anschließend sollte es gut 17 Jahre dauern, ehe der Colorado River den angedachten Wasserspiegel erreicht hat. Durch ausbleibende Niederschläge und die steigende Wassernachfrage rasant wachsender Städte wie Las Vegas ist der Pegel zwischenzeitlich dramatisch abgesunken. Dennoch bleibt der See ein beliebtes Revier für Wassersportler. Die einzige am See gelegene Stadt ist Page, die außer der touristischen Infrastruktur nicht viel zu bieten hat.

 Sehenswert

Glen Canyon Dam
| Staudamm |
Die 216 Meter hohe Talsperre hat eine bis zu 91 Meter dicke Mauer. Mit einer Breite von nur 106 Metern ist sie dagegen erstaunlich schmal. Die Glen Canyon Historical Society bietet täglich Touren an.

■ Tel. 928 640 39 00, www.glencanyon nha.org, Touren tgl. 8.30–15.30 Uhr (nur bei Temperaturen unter 40 Grad, im Winter weniger Termine), 5/2,50 $

 Erlebnisse

㉕ **Trip mit dem Hausboot** Amerikaner lieben es, an Bord eines Hausboots tagelange Touren auf dem Lake Powell zu unternehmen. Drei Tage dieses höchst meditativen Erlebnisses sind ab etwa 1000 Dollar buchbar. Wer weniger Zeit und Budget mitbringt, kann immerhin an Bord eines Hausboots speisen. Das schwimmende Restaurant Latitude 37 liegt an der Wahweap Marina (13 km nördl. von Page). ■ www.lakepowell.com

Im Blickpunkt

Die Waffenlobby in den USA

Immer wieder sorgen in den USA Amokläufe und andere Gewalttaten bewaffneter Menschen für Entsetzen. Ein Verbot von Schusswaffen oder wenigstens von Schnellfeuergewehren scheint aber kein Thema zu sein. Zu mächtig ist die National Rifle Association (NRA). Der Verband sieht sich als Verfechter der amerikanischen Verfassung und hier insbesondere des zweiten Zusatzes, der jede Einschränkung auf das Recht zum Waffenbesitz verbietet. Politiker wagen sich nur zögerlich an das Thema. Die Gründe dafür sind nicht nur in einem allgemeinen Waffenwahn oder der Wildwest-Vergangenheit zu sehen. Viele Waffenbesitzer hoffen auf eine Abschreckung von Eindringlingen, doch auch der Schutz vor Bären und anderen Tieren ist ein Thema.

Übernachten

Übernachten

Der Süden Utahs ist reich an Naturschätzen, aber sehr dünn besiedelt. Die Anzahl der Übernachtungsangebote ist dementsprechend eher begrenzt und konzentriert sich auf die Besucher der vielen Nationalparks. Am größten ist die Auswahl in Moab, das ein populärer Ausgangsort für Naturaktivitäten ist. Die wenigen, aber dafür umso geschmackvolleren Lodges in den Parks sind rasch ausgebucht.

Zion National Park 156

€–€€ | Seven Wives Inn Sehr freundliches Bed & Breakfast mit vornehm eingerichteten Zimmern in historischem Haus. Ins Zentrum von St. George sind es nur wenige Schritte. ■ 217 N 100 West St, St. George, UT 84770, Tel. 435 628 37 37, www.sevenwivesinn.com

€€–€€€ | Zion Lodge Die einzige Unterkunft innerhalb des Zion National Park setzt auf die bewährte Mischung aus zurückgenommenem Komfort, rustikalem Gebäude und einfach unschlagbarer Lage. ■ Zion National Park, UT 84767, Tel. 435 772 77 00, www.zionlodge.com

Bryce Canyon NP 158

€€ | The Lodge at Bryce Canyon Bodenständige Lodge mit leicht altmodischen Zimmern in einem herrlichen Gebäude, das überwiegend aus Naturmaterialien gebaut wurde. Weder Fernseher noch Klimaanlagen stehen dem Naturgenuss im Weg, dafür erinnert das Anwesen an die Zeit vor Massentourismus und allgegenwärtigem Luxus. ■ Bryce Canyon National Park, Bryce, UT 84764, Tel. 435 834 87 00, www.brycecanyonforever.com

Moab 164

€€ | Spring Hill Suites Obwohl es zu einer Kette gehört, hat das Haus seine Vorzüge: Es ist in die Felsen eingebettet und verfügt über eine Badelandschaft. ■ 1865 N Highway 191, Moab, UT 84532, Tel. 435 355 00 42, www.marriott.com

€€–€€€ | Sunflower Hill Bed & Breakfast mit üppigem Garten, das auf ein Cottage und eine Ranch verteilt ist. Zu den öffentlichen Räumen gehören ein Lese- und ein Kaminzimmer. Das Interieur neigt wie bei fast allen amerikanischen B & Bs zur plüschigen Einrichtung. ■ 185 N 300 E St, Moab, UT 84532, Tel. 435 259 29 74, www.sunflowerhill.com

€€€ | Sorrel River Ranch Das edle Resort ist sanft in die herrliche Landschaft eingebettet und verfügt über alle Annehmlichkeiten. ■ Mile 17, Highway 128, Moab, UT 84532, Tel. 435 259 46 42, www.sorrelriver.com

Lake Powell 166

€€€ | Amangiri Atemberaubendes Anwesen mit kühnen Bauten, die sich elegant in die spektakuläre Natur einbetten. Mit umfassendem Spa-Angebot und Feinschmecker-Restaurant. ■ 1 Kayenta Rd, Canyon Point, UT 84741, Tel. 435 675 39 99, www.aman.com

Die exotischste Zutat?

Deine Neugier.

GU

So gut schmeckt die Welt.

Koch Dich einmal um den Globus mit der erfolgreichsten Kochbuchreihe der Welt und aufregenden Ideen für Köstlichkeiten aus aller Herren Länder. Für Dein leckerstes Ich.

Überall, wo es Bücher gibt, und auf GU.de/kuechenratgeber

ADAC Service USA Südwest

Beim **ADAC Infoservice**, in den **ADAC Geschäftsstellen** sowie auf dem **Internetportal des ADAC** (adac.de) erhalten Sie Informationen zu den Dienstleistungen des Automobilclubs und zu Ihrem Reiseziel. Als **ADAC Mitglied** können Sie zudem das kostenlose **ADAC TourSet® USA West** und **ADAC TourSet® Kalifornien Nevada** mit vielen Reiseinfos und Karten anfordern oder die **TourSet App** auf dem **Smartphone** oder **Tablet-PC** installieren (adac.de/toursetapp).

Rufen Sie bei Notfällen und Pannen den **ADAC Notruf** bzw. den **ADAC Auslandsnotruf** an. Unser Team steht Ihnen rund um die Uhr zur Verfügung.

ADAC Infoservice
Tel. 0 800/51 01 11 12
Infos zu allen ADAC Leistungen
(Mo–Sa 8–20 Uhr, gebührenfrei)

ADAC Notruf Deutschland
Tel. 0 180/222 22 22
(24 Std., ca. 6 ct/Anruf, max. 42 ct/Min. aus deutschem Mobilfunknetz)

ADAC Notruf Mobil-Kurzwahl
Tel. 22 22 22
(Gebühren variieren je nach Netzbetreiber)

ADAC Auslandsnotruf
Tel. +49/89/22 22 22
(Gebühren variieren je nach Netzbetreiber und Land)

Internet-Serviceangebote des ADAC für Ihre Reiseplanung

Service	Webadresse
Aktuelle Verkehrslage	adac.de/verkehr
ADAC Routenplaner	adac.de/maps
Infos zu Tankstellen und Spritpreisen	adac.de/tanken
Infos zu mautpflichtigen Strecken	adac.de/maut
Infos zu Fährverbindungen	adac.de/faehren
ADAC TourMail (Aktuelle Infos vor Anreise)	adac.de/tourmail
Informationen für Camper	adac.de/camping
Informationen für Motorradfahrer	adac.de/motorrad
Informationen für Segler und Skipper	adac.de/sportschifffahrt
ADAC Reiseangebote	adacreisen.de
ADAC Autovermietung	adac.de/autovermietung
ADAC Versicherungen für den Urlaub	adac.de/versicherungen
Weltweite Preisvorteile für ADAC Mitglieder	adac.de/vorteile-international

Diese **Produkte des ADAC** könnten Sie interessieren: **ADAC Reiseführer Kalifornien**, **ADAC Reiseführer New York** und **ADAC Reiseführer Florida** – erhältlich im Buchhandel, bei den ADAC Geschäftsstellen und in unserem ADAC Online-Shop (adac.de/shop).

Anreise und Einreise

Flugzeug

Als einzige klassische Linienfluggesellschaft bedient die Lufthansa den Flughafen von Denver täglich von Frankfurt und München. Die Billigtochter Eurowings fliegt mehrmals wöchentlich ab Düsseldorf und München, die Charter-Gesellschaft Condor bedient die Strecke ab Frankfurt. Von Mai bis Oktober fliegt Condor zweimal pro Woche von Frankfurt nach Phoenix. Ab Zürich fliegt der Schweizer Ferienflieger Edelweiss mehrmals wöchentlich nach Las Vegas und Denver, ab Österreich existieren zurzeit nur Verbindungen mit mindestens einem Umstieg. Die Gesellschaften richten sich bei der Preisgestaltung nicht nur nach der Saison, sondern auch nach dem Grundsatz, dass Zeit Geld ist. Obwohl der Aufwand größer ist, sind **Umsteigeverbindungen** oft billiger. Vor allem bei Flugzeugwechseln in den USA können diese Verbindungen wegen des hohen Verkehrsaufkommens und der großen Flughäfen jedoch schon mal ins Wackeln geraten. Eine Nonstopverbindung kann daher ihren Aufpreis wert sein.

Einreise und Dokumente

Touristen aus Deutschland, Österreich und der Schweiz können sich dank des **Visa Waiver Program** von der allgemeinen Visumspflicht für die USA befreien lassen. Die Aufenthaltsdauer im Land ist auf 90 Tage beschränkt. Touristen müssen im Besitz eines maschinenlesbaren und mindestens sechs Monate gültigen Reisepasses sein. Zudem müssen sie sich vorab im Rahmen der sogenannten **ESTA** (Electronic System for Travel Authorization) registrieren (https://esta.cbp.dhs.gov/esta). Hier werden Informationen zu Pass, Adresse, Beruf sowie zur ersten Adresse in den USA abgefragt. Die Beantwortung der Frage nach Social-Media-Profilen ist optional. Die Reisegenehmigung wird meist umgehend erteilt, gelegentlich kann es aber auch bis zu wenigen Tagen in Anspruch nehmen. Die Bearbeitung des ESTA-Antrags kostet 14 Dollar, danach ist das Papier zwei Jahre lang gültig. Allerdings entspricht die Erteilung der ESTA nicht automatisch einer Einreisegenehmigung, das letzte Wort haben die Beamten der Einwanderungsbehörde vor Ort.

Wer im Vorfeld der Reise einen Staat besucht hat, den die USA für eine potenzielle terroristische Bedrohung halten, ist vom Visa Waiver Program ausgeschlossen. Konkret handelt es sich um Iran, Irak, Jemen, Libyen, Somalia, Sudan und Syrien. Die Betroffenen müssen ein offizielles Visum beantragen. Dies gilt auch für Personen, die eine doppelte Staatsbürgerschaft mit Iran, Irak, Sudan oder Syrien besitzen.

In den Flughäfen haben sich die Wartezeiten in den vergangenen Jahren deutlich verkürzt, weil immer mehr Automaten zur Erfassung von Reisepass, Fingerabdruck und Augen-Scan eingesetzt werden.

 Auto und Straßenverkehr

Führerschein und Papiere

Autofahrer benötigen in den USA einen internationalen Führerschein. Wer in einem Mietwagen unterwegs ist, sollte die entsprechenden Papiere stets griffbereit haben und diese vorzugsweise nicht im Handschuhfach lagern, da Polizisten dieses als mögliches Versteck von Waffen halten können.

USA Südwest von A–Z

Straßennetz und Sicherheit

Das Straßennetz im Südwesten der USA ist sehr gut ausgebaut. Weil Städte wie Phoenix und Las Vegas in einem atemberaubenden Tempo in teils gleichförmigen Siedlungen gewachsen sind, ist die Orientierung nicht einfach. Ein **Navigationsgerät** ist daher eine nahezu unerlässliche Hilfe. Wer länger als zwei Wochen in den USA unterwegs ist, sollte über die Anschaffung eines einfachen Geräts nachdenken. Das ist oft günstiger als der Aufpreis bei einem Mietwagen.

Tempolimits im Südwesten der USA

In den USA wird zwischen Autobahnen (Interstates, I), überregionalen Bundesstraßen (US Highways, US), Staatsstraßen (State Routes, SR) und Landstraßen (County Roads, CR) unterschieden. Wenn die Höchstgeschwindigkeit nicht gesondert ausgewiesen ist, beträgt sie 55 Meilen pro Stunde. Autofahrer sind gut beraten, sich akribisch daran zu halten, da sie so Bußgeldern aus dem Weg gehen.

Tempolimits

Straße	Tempolimit
vierspurige Interstates	max. 75 m/h, in Nevada und Utah bis zu 80 m/h
zweispurige Überlandstraßen	55–65 m/h
Innerorts	20–30 m/h, in Utah und Colorado bis 35 m/h
vor Schulen	20 m/h

Verkehrsvorschriften

Das Autofahren in den USA unterscheidet sich in einigen Aspekten deutlich vom europäischen Verkehr. Das betrifft einmal das Rechtsabbiegen, das an roten Ampeln gestattet ist, außer wenn ein Schild dies ausdrücklich untersagt. Außerdem gibt es viele Kreuzungen, bei denen an jedem Eckpunkt ein **Stoppschild** steht. Beim Passieren der Kreuzung wird exakt jene Reihenfolge eingehalten, in der die Autofahrer angekommen sind. Bei Unklarheiten verständigt man sich per Handzeichen.

Wichtig ist weiterhin die Beachtung des strengen Überholverbots bei haltenden Schulbussen. Besonders genau sollten Autofahrer auch die Tempolimits bei Baustellen beachten, wo aufgrund der Anwesenheit von Arbeitern oft doppelte Bußgelder fällig werden.

Das **Überholen** ist in weiten Teilen der USA auch rechts gestattet, Autofahrer allerdings sind zum Rechtsfahren angehalten. Spuren für sogenannte »car pools« dürfen nur von Autos mit mindestens zwei Insassen benutzt werden. Der Transport von alkoholischen Getränken in der Fahrerkabine ist verboten. Als Promillegrenze gilt ein Wert von 0,8. Kinder unter zwölf Jahren dürfen niemals allein im Auto gelassen werden.

Tanken

An den meisten Tankstellen kann man ohne fremde Hilfe tanken und per Kreditkarte und gelegentlich per Girocard (Maestro) zahlen. Oktanzahl und Art des Kraftstoffs sind an den Zapfsäulen deutlich sichtbar. Sobald die Kreditkarte verifiziert ist, muss an der Zapfsäule eine Sicherung gelöst werden, danach kann der Kraftstoff fließen. Zur Identifizierung muss neuerdings aus Sicherheitsgründen häufig eine Postleitzahl eingegeben werden.

USA Südwest von A–Z

Deutsche Kreditkarten werden gelegentlich abgelehnt. In diesem Fall müssen Kunden an der Tankstellenkasse vorausbezahlen (»full« oder für einen bestimmten Dollarbetrag).

Parken
Park- und Halteverbote sind entweder in Form von Schildern oder durch den Anstrich des Bürgersteigs markiert. Rot steht für absolutes Halteverbot, gelb oder schwarz steht für eine Haltezone. Blau markierte Abschnitte sind Menschen mit Behinderungen vorbehalten. An weißen oder grünen Flächen gelten Haltezeiten von wenigen Minuten innerhalb der Geschäftszeiten. Die klassische Parkuhr ist mittlerweile weitgehend ausgestorben. Dafür sind Autofahrer angehalten, an Automaten für ein bestimmtes Zeitfenster im Voraus zu bezahlen, wobei das Nummernschild zur Identifizierung eingegeben werden muss.

Maut
Nur auf wenigen Straßen des Südwestens werden Mautgebühren fällig. In den in diesem Buch vorkommenden Regionen ist diesbezüglich lediglich die Umgehungsstraße E-470 nennenswert, die den Süden des Großraums Denver mit dem Flughafen verbindet. Die Straße kann aber über den I-70 und I-225 leicht umfahren werden.

Unfall
Bei einem Unfall rufen Sie die Polizei unter 911, sichern die Unfallstelle und fotografieren die beteiligten Wagen. Verlassen Sie den Ort nur, wenn kein Personenschaden vorliegt. Sonst liegt Fahrerflucht vor.
Zentralruf der Autoversicherer Auskunftsstelle / GDV
■ Auskunftsstelle/GDV, Glockengießerwall 1, 20095 Hamburg, Tel. 0800/250 26 00, +49/40/300 33 03 00, www.gdv-dl.de

Tankstelle in der alten Goldgräberstadt Oatman an der Route 66

Festivals und Events

Januar
Autoversteigerungen (Mitte Jan., www.barrett-jackson.com, www.russoandsteele.com) Mit den Auktionen von Barrett-Jackson und Russo & Steele finden in Scottsdale die größten Versteigerungen statt.

März
St. Patrick's Day Parade (16. März, www.denverstpatricksdayparade.com) In Denver findet eine riesige Parade zu Ehren von St. Patrick statt.

Balloon Fiesta bei Albuquerque

April
Gathering of the Nations Powwow (Ende April, www.gatheringofnations.com) In Albuquerque kommen Tausende Mitglieder von 565 indigenen Völkern zusammen.

Mai
Route 66 Fun Run (erstes Mai-Wochenende, www.visitarizona.com) Nostalgiker huldigen zwischen Seligman, AZ, und der kalifornischen Grenze der Route 66.

Juni
Pikes Peak International Hill Climb (letzter Juni-Sonntag, www.ppihc.org) Autorennen auf den 4302 m hohen Berg. Die Bestzeit hält Walter Röhrl.

Juli
UFO-Festival (Anfang Juli, www.ufofestivalroswell.com) Roswell feiert seinen Status als internationale Hauptstadt unbekannter Flugobjekte und übernatürlicher Phänomene.

August
Moab Music Festival (Ende Aug.–Mitte Sept., www.moabmusicfest.org) Von Kammermusik über Folk bis zu Jazz und Latin treten Künstler in der erhabenen Umgebung auf.
Santa Fe Indian Market (Mitte Aug., www.swaia.org) Seit 1922 ist Sante Fe Schauplatz des größten Markts indigener Völker.

September
Burning Man (Ende Aug.–Anfang Sept., www.burningman.org) Bizarres Festival in der Black Rock Desert Nevadas mit viel Musik und Kunst.
Great American Beer Festival (Ende Sept., www.greatamericanbeerfestival.com) Mehr als 800 Brauereien präsentieren an drei Tagen in Denver bis zu 4000 Biersorten.

Oktober
Balloon Fiesta (Anfang Okt., www.balloonfiesta.com) Mehr als 500 Ballons schweben bei Albuquerque über der Wüste.
Sedona Arts Festival (Mitte Okt., www.sedonaartsfestival.org) 125 Künstler zeigen vor der Kulisse der Red Rocks ihre Arbeiten.

USA Südwest von A–Z

Verkehrsschilder

Die Beschilderung in den USA entspricht der europäischen Logik. Wichtig ist vor allem die Beachtung von Stoppschildern, wenn diese am unteren Rand mit dem Zusatz »3-way« oder »4-way« ausgestattet sind. Dann genießt das zuerst ankommende Fahrzeug Vorfahrt.

Barrierefreies Reisen

Die USA sind in puncto Barrierefreiheit recht weit fortgeschritten. Viele Attraktionen, Hotels, Restaurants und auch einige Parks sind mit dem Rollstuhl zugänglich. Die Nationalparks haben einen strategischen Plan zur Verbesserung der Zugänglichkeit aufgelegt.

 www.nps.gov, Stichwort »accessibility«

Diplomatische Vertretungen

Generalkonsulat der Bundesrepublik Deutschland Los Angeles
■ 6222 Wilshire Blvd (Suite 500), Los Angeles, CA 90048, Tel. 323 930 27 03, www.germany.info/us-de, Mo–Fr 8–11 Uhr

Österreichisches Generalkonsulat Los Angeles
■ 11859 Wilshire Blvd (Suite 501), Los Angeles, CA 90025, Tel. 310 444 93 10

Schweizerisches Konsulat San Francisco
■ Pier 17 (Suite 600), San Francisco, CA 94111, Tel. 415 788 22 72, www.eda.admin.ch/sf, Mo–Fr 9–12 Uhr

Feiertage

An Feiertagen (»bank holidays«) sind Behörden, Banken und viele Büros geschlossen, die meisten Läden jedoch sind geöffnet.

1. Januar (Neujahr), 3. Mo im Januar (Martin Luther King Day), Ostern (Karfreitag, Ostersonntag, Ostermontag), 1. Mo im Mai (Memorial Day), 4. Juli (Independence Day), 1. Mo im September (Labour Day), 2. Mo im Oktober (Columbus Day), 11. November (Veteran's Day), letzter Do im November (Thanksgiving), 25. Dezember (1. Weihnachtstag)

Geld und Währung

Wechselkurse (Stand: 07/2018)

1 $	0,85 €
10 $	8,50 €
100 $	85 €
1 €	1,17 $
10 €	11,70 $
100 €	117 $

Landeswährung ist der US-Dollar ($). Ein Dollar besteht aus 100 Cent. Münzen existieren als 1, 5, 10 und 25 Cent. Banknoten werden als 1-, 5-, 10-, 20-, 50- und 100-Dollar-Scheine ausgegeben. Der Wechselkurs schwankt zum Teil erheblich. Die Bezahlung ist in den USA fast überall auch mit den gängigen Kreditkarten möglich. Diese ist zur Bezahlung von Hotelzimmern oder Mietwagen sogar unerlässlich.

Bargeld kann an **ATMs** (»Automatic Teller Machines«) sowohl mit der Girocard (auf das Maestro-Symbol achten) als auch mit Kreditkarten abgehoben werden. Die Gebühr beträgt um die fünf Euro pro Transaktion. ATMs sind auch in Läden und Tankstellen zu finden. Banken sind meist Mo–Fr von 9–16 Uhr geöffnet.

Wechselstuben sind vornehmlich an Flughäfen und in großen Shoppingmalls angesiedelt.

USA Südwest von A–Z

Kosten im Urlaub
(durchschnittliches Preisniveau)

Tasse Kaffee	3 $
Softdrink	2,50 $
Glas Bier (0,4 l)	5 $
Glas Wein (0,2 l)	7 $
Hauptgericht (Restaurant)	18 $
Eintritt Museum	10 $
Mietwagen / Tag	30 $

Gesundheit

Die medizinische Versorgung in den USA entspricht deutschen Standards, auf dem Land jedoch können die Wege ins nächste Krankenhaus sehr weit sein. In der Notaufnahme der Krankenhäuser (»Emergency Rooms«) müssen alle Patienten behandelt werden. Weil die Rechnungen sofort zu begleichen sind, wird von Europäern die Vorlage einer Kreditkarte verlangt. Damit die Kosten zurückerstattet werden, ist der Abschluss einer **Auslandskrankenversicherung** empfehlenswert. Impfungen sind nicht erforderlich. Sonnenschutz und Insektenschutz sind hingegen unerlässlich. Die Luft ist an den meisten Orten sehr trocken. Insbesondere in Höhenlagen und in der Wüste muss der Körper mit reichlich Wasser versorgt werden.

Medikamente sind in Pharmacys oder in Drugstores erhältlich. Schmerzmittel, Nasentropfen und Ähnliches gehören auch zum Sortiment von Supermärkten.

Haustiere

Prinzipiell ist es möglich, Haustiere in die USA mitzunehmen. Die Reisezeit ist für Tiere allerdings sehr lang und unkomfortabel. Die Tiere müssen in einem guten Gesundheitszustand sein. Dies wird bei der Einreise überprüft. Bei Hunden ist ein Impfpass (inkl. Tollwutimpfung) unumgänglich, bei Katzen ein ärztliches Gesundheitszeugnis. Die Bedingungen für den Transport variieren je nach Fluggesellschaft. Allgemeine Informationen und Einschränkungen gibt es unter www.estaantrag.com/haustiere.

Information

Viele Touristendestinationen unterhalten weiterhin Visitor Centers. Das gilt auch für die Nationalparks, wo Besucher alle wichtigen Informationen erhalten. In Hotels, Restaurants und Attraktionen liegen nach wie vor Hunderte Flyer aus. Die Tourismusbüros bieten viele Informationen und Adressen zur Reisevorbereitung – fast alle auch auf Deutsch. Die Adressen der wichtigsten Büros finden Sie jeweils zu Beginn der Ortsbeschreibung in diesem Reiseführer.

- www.visitarizona.com
- www.colorado.com/deutsch
- www.travelnevada.de
- www.newmexico.org
- www.visitutah.com/de
- www.visittheusa.de

Klima und beste Reisezeit

Der Südwesten ist allein durch seine Größe und Topografie ein ganzjährig attraktives Reiseziel. Allerdings gibt es aufgrund der **hohen Temperaturunterschiede** erhebliche Einschränkungen: Die Werte rangieren je nach Jahreszeit und Region zwischen -30 Grad auf den Gipfeln der Rocky Mountains und mehr als 50 Grad im Death Valley. Selbst im Großraum Phoenix sind Sommertemperaturen von 45 Grad im Schatten keine Seltenheit. Europäer lassen sich davon nicht abschrecken: Sie suchen in den Sommerferien alle Regionen des Südwestens auf. Die meisten Amerikaner hingegen kommen ins Tiefland Arizonas nur von Mitte Dezember bis Anfang Mai. In den Bergen Nevadas, Colorados, New Mexicos, Utahs und mit Abstrichen auch Arizonas ist der Bewegungsradius aufgrund von Eis und Schnee von Dezember bis April eingeschränkt. Bei der Reiseplanung sollte darauf geachtet werden, ob **Passstraßen** geschlossen sind.

Klimatabelle Las Vegas

Monat	Luft (°C) (min./ max.)	Sonne (h/Tag)	Regentage
Jan.	14/1	8	2
Feb.	17/4	9	2
März	20/7	10	2
April	25/10	12	1
Mai	31/16	13	1
Juni	38/21	13	1
Juli	41/25	13	2
Aug.	40/23	12	2
Sept.	35/19	11	1
Okt.	28/12	10	1
Nov.	20/6	8	1
Dez.	14/1	8	2

Temperaturen werden in den USA in Fahrenheit (°F) angegeben.

Umrechnung °C in °F

$$°C = (°F - 32) / 1{,}8$$
$$°F = °C \times 1{,}8 + 32$$

Temperaturen °C und °F im Vergleich

°C	°F
0°	32°
10°	50°
15°	59°
20°	68°
25°	77°
30°	86°
35°	95°
40°	104°

Maße und Gewichte

1 inch (in.)	2,54 cm
1 foot (ft.)	12 in. = 30,48 cm
1 yard (yd.)	3 ft. = 91,44 cm
1 mile (mi.)	1760 yd. = 1,609 km
1 fluid ounce (fl.oz.)	29,57 ml
1 pint (pt.)	16 fl.oz. = 0,47 l
1 quart (qt.)	2 pt. = 0,95 l
1 gallon (gal.)	4 qt. = 3,79 l
1 ounce (oz.)	28,35 g
1 pound (lb.)	16 oz. = 453,59 g

Medien

Wer sich lieber mittels einer Tageszeitung über Neuigkeiten informiert als mit dem Tablet, muss keine Einschränkungen befürchten: Print-Medien erscheinen in allen Städten und Regionen. Die größten Auflagen haben die konservative »Arizona Republic« (www.azcentral.com), die liberale »Denver Post« (www.denver post.com) und die liberale »Las Vegas Sun« (www.las vegassun.com). Für aktuelle Termine eignet sich in Phoenix die kostenlos ausliegende »Phoenix New Times«.

Nachtleben

Das Nachtleben ist in den fünf südwestlichen Bundesstaaten hochgradig unterschiedlich. In Las Vegas gehören Partys natürlich zur Existenzberechtigung, die Stadt schläft praktisch nie. Auch in Denver, Phoenix, Scottsdale, Reno, Santa Fe und Albuquerque sind Clubs und Bars vor allem an den Wochenenden bis tief in die Nacht geöffnet. In den ländlichen Gebieten hingegen werden oft schon um 21 Uhr die Bürgersteige hochgeklappt. Aufgrund des Mindestalters für den Alkoholkonsum haben Personen unter 21 Jahren grundsätzlich keinen Einlass.

Notfall

Wählen Sie in einem Notfall die **Nummer 911**. Anschließend werden Sie je nach Bedarf direkt mit der Polizei, einem Krankenwagen oder der Feuerwehr verbunden.
ADAC-Mitglieder können sich in Notfällen auch rund um die Uhr an den **Auslandsnotruf des ADAC** unter der Telefonnummer +49/89/222222 wenden. Bei Bedarf werden auch Dolmetscher vermittelt.

Öffnungszeiten

Die Öffnungszeiten der Läden liegen ganz im Ermessen der Betreiber. In Einkaufszentren ist das oft werk- und samstags von 10–21 Uhr sowie 11–18 Uhr an Sonntagen. Supermärkte und Drug Stores sehen nicht selten ganz davon ab, ihre Pforten zu schließen. Generell gilt: Wo viel Publikum ist, sind die Läden fast immer bis spät am Abend geöffnet.

Post

US Postal Service unterhält an vielen Orten Filialen (werktags 8–17, 10–13 Uhr). Das Porto für eine Postkarte nach Europa beträgt aktuell 1,15 Dollar.
■ USPS, www.usps.com

Rauchen, und Alkohol

In allen öffentlichen Gebäuden sowie in Restaurants ist das **Rauchen** generell verboten. In National- und Naturparks ist es ebenfalls nicht gestattet. Ein vollständiges Rauchverbot allerdings existiert nicht: So wird in den Casinos Nevadas bis heute exzessiv geraucht. Der öffentliche Konsum von **Marihuana** ist auch in Colorado und Nevada verboten, obwohl die weiche Droge dort kontrolliert verkauft wird. **Alkohol** wird in den USA erst ab 21 Jahren ausgeschenkt. Beim Verkauf von Rauchwaren und Alkohol wird auch bei Personen in sichtbar höherem Alter das Vorzeigen des Ausweises verlangt.

Sicherheit

Der Südwesten ist grundsätzlich eine sichere Reiseregion. Allerdings gilt es einige Regeln zu beachten. Vor allem in den Großstädten Las Vegas, Reno, Phoenix, Denver und Albuquerque gibt es Gegenden, in denen man nachts auf keinen Fall zu Fuß unterwegs sein sollte. Dies ist abseits belebter Innenstädte oder ausgewiesener Touristenregionen in den gesamten USA unüblich und kann als solches bereits den Verdacht von Polizeibeamten auslösen. Als sicherer Indikator für eine schlechte Gegend mit potenziell erhöhter Kriminalitätsrate darf außerdem gelten, wenn sich Gitterstäbe vor den Fenstern befinden. Im Fall eines Konflikts ist man gut beraten, die Sache nicht eskalieren zu lassen und das Weite zu suchen, da der Einsatz von Schusswaffen in den USA bis heute weitverbreitet ist.

Auch in der **freien Natur** gilt es einige Hinweise zu beachten. Klapperschlangen sind zum Beispiel weitverbreitet, weshalb festes Schuhwerk bei Wanderungen unverzichtbar ist. Auch Begegnung mit Schwarzbären, Berglöwen, Elchen und Hirschen (in der Brunftzeit) können problematisch sein. Fragen Sie vor Outdoor-Aktivitäten immer Einheimische, welche Art von Begegnungen möglich sind und wie man darauf reagiert.

 Sport

Angeln

Angeln ist in den USA sehr beliebt. In allen fischreichen Gewässern wird der Sport ausgeübt, wobei in den Bergen besonders das Fliegenfischen populär ist. Zum Angeln ist eine Erlaubnis erforderlich, die in Fachgeschäften auch tageweise erworben werden kann. Hierzu ist ein Ausweis vonnöten.

Golf

Auch Golfspieler können im Südwesten aus einer großen Anzahl von Plätzen auswählen. Absoluter Spitzenreiter ist der Großraum Phoenix, wo mehr als 185 überwiegend mit 18 Löchern ausgestattete Plätze locken. Die Hauptsaison läuft von Anfang Dezember bis Mitte April. Die Greenfees variieren stark, sind aber mit Preisen um die 50 Dollar oft deutlich günstiger als in Europa.

■ www.phoenixgolfsource.com

Radfahren

Leihfahrräder sind in Städten wie Denver und Scottsdale beliebte Verkehrsmittel, zum Teil sind dort auch markierte Radwege vorhanden. Auch Mountainbiking ist in vielen Gebieten sehr populär. Abenteurer können etwa den 4302 m hohen Pikes Peak hinabfahren (www.bikepikespeak.com) oder die Panoramastraßen des Outdoor-Drehkreuzes Moab testen (www.discovermoab.com/road-biking).

Reiten

Ausritte in den markanten Landschaften des Südwestens sind ein unvergessliches Erlebnis. Sie werden vielerorts auch für Anfänger angeboten. Geritten wird im Westernsattel auf in der Regel sehr gut ausgebildeten Pferden, die geduldig in Kolonne einen Parcours absolvieren, mit dem sie vertraut sind. Gute Ablaufstellen sind in der Regel die Dude Ranches, die Touristen Cowboy-Erfahrungen anbieten.
■ www.utah.com/horseback-riding oder www.colorado.com, Stichwort »horseback riding trips«

Skilaufen und Snowboarden

Es mag nicht der erste Gedanke sein, der sich aufdrängt. Doch alle fünf Staaten des Südwestens verfügen über exzellente Skigebiete. Die Saison dauert ähnlich wie in den Alpen von Anfang Dezember bis in den April hinein. Tolle Gebiete sind Taos (New Mexico, www.skitaos.com), Diamond Peak (Nevada, www.diamondpeak.com), Vail (Colorado, www.vail.com), Arizona Snow Bowl (www.snowbowl.ski) oder Brian Head (Utah, www.brianhead.com). Schon ein Tag im Schnee kann zu einer unvergesslichen Bereicherung eines Trips werden.

USA Südwest von A–Z

Wandern

Das Wandern ist in den sportverrückten USA populär wie nie zuvor. Gut ausgebaute Wege sind in allen Parks und Nationalparks vorhanden. Angesichts der extremen Temperaturen sollte man immer reichlich Wasser (ca. vier Liter pro Person und Tag) mitnehmen. Auch festes Schuhwerk (Achtung: Klapperschlangen!), Sonnenschutzmittel und Kopfbedeckung sind unverzichtbar.

■ www.americanhiking.org

Strom und Steckdose

Die amerikanischen Stromanschlüsse sind auf **110–120 Volt** ausgelegt. Mindestens zwei Adapter pro Person sind empfehlenswert.

Telefon und Internet

Im Zeitalter der Smartphones ist die transatlantische Kommunikation ein Leichtes. Alle gängigen Mobiltelefone sind mit entsprechenden SIM-Karten auch in den USA einsetzbar. Die Kosten für Telefonate von oder nach Europa übermittelt der Anbieter in der Regel per SMS aufs Gerät, sobald dieses erstmals auf fremdem Boden eingeschaltet ist. Günstiger kann es sein, für die Dauer des Aufenthalts eine **Prepaid-Karte** zu erwerben.

Amerikanische Rufnummern bestehen aus sieben Ziffern und einer dreistelligen Vorwahl. Die Nummern funktionieren neuerdings auch mit europäischen Smartphones, ohne dass die lange Zeit obligatorische 1 davor gewählt werden muss.

Fast alle Hotels und Ferienunterkünfte im Südwesten sind mit Internetanschlüssen ausgestattet, die meisten verfügen über **WLAN** (Wi-Fi). Für Gäste ist das in aller Regel kostenlos, nur wenige Hotelketten kassieren für diese Leistung ab (bei der Buchung darauf achten). Die meisten Restaurants, Attraktionen und Themenparks bieten ebenfalls kostenloses WLAN an – im Zweifelsfall fragen Sie einfach nach dem Passwort. Praktisch, aber nach wie vor kostspielig sind mobile Datendienste über den Smartphone-Anbieter. Ein marktüblicher Tarif sind 15 Euro für 150 MB. Achten Sie daher unbedingt darauf, die Roaming-Funktion generell ab- und nur im Bedarfsfall einzuschalten.

Vorwahlen von/nach
■ D, A, CH – USA: 001
■ USA – D: 011 49
■ USA – A: 011 43
■ Deutschland: 00 49
■ USA – CH: 011 41

Trinkgeld

Die Angestellten von Gastronomie, Hotellerie und Tourismusindustrie werden oft nur mit dem gesetzlich vorgeschriebenen Mindestlohn bezahlt. Ihr wahres Auskommen verdienen sie mit den Trinkgeldern. Auch wenn das für Europäer schwer zu akzeptieren sein mag, belaufen sich diese in Restaurants gegenwärtig standardmäßig auf mindestens 15 Prozent der Rechnung. Wer seine Zufriedenheit angemessen zum Ausdruck bringen möchte, legt demnach 20 Prozent auf den ausgewiesenen Betrag drauf. Um den Kunden das Kopfrechnen zu ersparen, drucken viele Restaurants heute ganz forsch drei mögliche Summen (18, 20 und 22 Prozent) auf dem Beleg aus. Auch Tour-Guides erwarten

USA Südwest von A–Z

Recreational Vehicles auf einem Campingplatz im Valley of Fire State Park, Nevada

einige Dollar Trinkgeld. Zimmermädchen, Kofferträger und die Bediensteten von Valet Parking freuen sich über Dollarnoten.

Umgangsformen

Die Amerikaner im Südwesten sind grundsätzlich sehr offen und freundlich. Deutschsprachige werden gern mit Anekdoten über Ahnen, eigene Reisen oder einem Kurzgespräch über die Vorzüge der deutschen Autobahn begrüßt. Die allgemeine **Lockerheit** überträgt sich auch auf den Dresscode: Fast immer ist legere Kleidung angesagt. Gleichwohl gehört es zum guten Ton, in Restaurants und Bars »shoes and shirt« zu tragen. Das Baden ohne Kleidung (auch ohne Oberteil) ist verpönt und nicht gestattet. Wer in den USA nicht anecken möchte, ist außerdem gut beraten, auf leidenschaftliche Diskussionen über Parteipolitik zu verzichten. Zuletzt haben Einheimische jedoch immer häufiger ihre Zufriedenheit über ihren aktuellen Präsidenten geäußert, das darf als Einladung zur Diskussion verstanden werden.

Unterkunft und Hotels

Camping
Wer gern campen geht, kommt im Südwesten voll auf seine Kosten. So gut wie alle Nationalparks und State Parks verfügen über simple, aber toll gelegene und daher weit im Voraus ausgebuchte Zelt- und Campingplätze. Die Anlagen des kommerziellen Marktführers **KOA** (www.koa.com) sind gut gepflegt und mit allen Annehmlichkeiten ausgestattet.

USA Südwest von A–Z

Ferienwohnungen

Ferienwohnungen von kommerziellen Anbietern und privat vermietete Domizile sind in allen Preisklassen verfügbar (ab ca. 40 Dollar/Nacht). In besonders touristischen Regionen ist die Vermietung privater Wohnungen mit starken Einschränkungen verbunden, damit das Leben vor Ort nicht großspurig vom Tourismus beeinflusst wird. Ganze Pakete schnüren erfahrene Anbieter wie Argus Reisen (www.argusreisen.de).

■ Deutschsprachige Websites:
www.wimdu.de, www.fewo-direkt.de,
www.airbnb.de

Hotels und Pensionen

Allein Las Vegas zählt fast 150 000 Hotelzimmer – die Gesamtzahl in den fünf Staaten beträgt ein Vielfaches. Grundsätzlich werden die Häuser nach dem gängigen System mit einem bis zu fünf Sternen bewertet. Dies sagt aber wenig über die tatsächliche Qualität, Ausstattung, Sauberkeit und somit auch über den Preis aus. Auch ein Zweisternehotel kann hochpreisig und erstklassig sein – im Zweifelsfall fehlen dann Annehmlichkeiten wie ein Pool oder ein Wellness-Bereich. Die allermeisten Hotelzimmer verfügen über einen Kühlschrank, dessen Lautstärke Europäer irritieren kann, zumal das Gerät außer in einigen Fünfsternehotels leer ist und der Kühlung allein selbst mitgebrachter Getränke und Speisen dient. Besonders in hochklassigen Häusern wird eine »resort fee« auf den Preis aufgeschlagen, die mit 30–50 Dollar/Nacht zu Buche schlägt. Die Gebühr beinhaltet Parken, Internet, Pool-Handtücher, Wasser und andere schwer verzichtbare Kleinigkeiten. Preiswert und vor allem für einen Roadtrip zweckmäßig sind gemeinhin die an den Ausfallstraßen und Autobahnabfahrten gelegenen Motels.

Eine Besonderheit im Südwesten sind die sogenannten **Dude Ranches**, die dem Besucher ein Cowboy-Erlebnis gestatten. Reiten, Bogenschießen, Barbecues und ähnliche Aktivitäten gehören zum Programm.

Auch **Bed & Breakfasts** sind weit verbreitet. Diese sind in den USA meist klein, intim und von freundlichen Eigentümern geführt. Der Amerikaner aber verknüpft mit dem Begriff die Erwartungshaltung einer viktorianischen Villa mit entsprechender Einrichtung, weshalb die Häuser oft eine etwas plüschige bis altmodische Anmutung haben.

■ Eine unvollständige Übersicht bietet
www.bedandbreakfast.com

Verkehrsmittel im Land

Bus und Bahn

Urlaub mit Bus und Bahn ist im Südwesten zwar theoretisch möglich, aber nur dann ein Vergnügen, wenn der Genuss der Landschaft im Vordergrund steht. Die Züge des Eisenbahnverbunds **Amtrak** (www.amtrak.com) fahren mehrmals wöchentlich von Denver nach Reno (Tickets ab 129 $). Die Verspätung kann manchmal Tage betragen, weil Güterzüge in den USA immer Vorfahrt genießen.

Die Fernbusse von **Greyhound** (www.greyhound.com) gelten derweil als zuverlässig und preiswert. Fast alle größeren Städte im Südwesten der USA sind Teil des Streckennetzes. Wer die Art des Reisens mag, kommt bei früher Buchung binnen neun Stunden ab 15 Dollar von Phoenix nach Las Vegas.

Flugzeug

Die Distanzen im Südwesten sind groß. Die einfache Strecke von Las Vegas nach Denver beträgt 1200 km, von Reno nach Santa Fe sind es 1700 km. Wer es eilig hat, kann alternativ aufs Flugzeug ausweichen. So gut wie jede Stadt verfügt wenigstens über einen Regionalflughafen. Die Flüge sind allerdings vor allem auf Nebenstrecken ziemlich teuer.

Flüge buchen Sie am besten über die Website der Fluggesellschaften. Für Gabelflüge von und nach Deutschland konsultieren Sie am besten ein Reisebüro.

Mietwagen

Für einen entspannten Urlaub im Südwesten ist der Mietwagen im Prinzip unerlässlich. Die Preise beginnen bei rund 200 Euro pro Woche für Kleinwagen. Cabrios, SUVs oder Kleinbusse werden mit bis zu 1000 Euro pro Woche veranschlagt. Generell gilt es zu beachten, dass die amerikanischen Autovermieter wegen der großen Konkurrenz und ihrer geringen Gewinnmargen mit allen Mitteln zusätzliches Geld zu erwirtschaften versuchen. Dies beginnt bei Zusatzversicherungen und endet bei Navigationsgeräten oder Pannenhilfe. Prüfen Sie vorab sorgfältig, ob und in welchem Umfang Sie zusätzliche Dienste in Anspruch nehmen möchten.

Die Mietwagen werden in der Regel am Flughafen in Empfang genommen. Wer nur tageweise mieten möchte, findet auch in den Städten zahlreiche Stationen. Wer sich auf abenteuerliche Wege abseits asphaltierter Straßen begeben möchte, sollte die Anmietung eines Wagens mit Allradantrieb (»four wheel drive«) prüfen. Die Abgabe an einem anderen Ort ist bei vielen Anbietern möglich, muss aber teuer bezahlt werden: Für die sogenannte Einwegmiete wird ein Aufpreis von mindestens 400 Euro fällig.

 Für Mitglieder bietet die ADAC Autovermietung günstige Konditionen an. Buchung in allen ADAC-Geschäftsstellen, Tel. 089/76 76 20 99,
adac.de/autovermietung

Zeitverschiebung

In Arizona und Nevada gilt die **Pacific Time**. Die Zeitverschiebung mit Deutschland, Österreich und der Schweiz beträgt minus neun Stunden. In Colorado, New Mexico und Utah gilt die **Mountain Time** mit einer Zeitverschiebung von minus acht Stunden. Die Sommerzeit (»daylight saving time«) beginnt und endet in den USA oft zwei Wochen vorher beziehungsweise später als in Europa.

Zollbestimmungen

Die Einfuhr von bestimmten Lebensmitteln (zum Beispiel Fleisch, Wurst, Obst und Gemüse) in die USA ist strikt verboten. Reisende über 21 Jahren dürfen einen Liter Alkohol einführen. Wer aus den USA nach Deutschland oder Österreich reist, darf Waren im Wert von 430 Euro (Jugendliche 175 Euro) abgabenfrei mit nach Hause nehmen. Für Schweizer liegt das Limit bei 300 Franken. Die Waren müssen für den privaten Gebrauch vorgesehen sein. Tabakwaren und Alkohol fallen nicht unter diese Wertgrenze und bleiben in bestimmten Mengen abgabenfrei.

 www.zoll.de, www.bmf.gv.at/zoll, www.zoll.ch

Die Geschichte des Südwestens

15000 v.Chr. Sogenannte Paläo-Indianer gelangen von Sibirien aus über die Beringstraße nach Nordamerika und breiten sich dort aus.

600–1300 n.Chr. Das Volk der Anasazi gründet in Felsenbehausungen des heutigen Mesa Verde National Park eine Hochkultur.

um 1000 n.Chr. Das Volk der Pueblos beginnt bei Taos mit der Errichtung einer mehrstöckigen Siedlung, die bis heute bewohnt ist.

Ruinen des Cliff Palace der Anasazi im Mesa Verde National Park, Colorado

1598 Aus Mexiko kommend, gründet der Spanier Juan de Oñate gemeinsam mit 500 Siedlern ein erstes spanisches Dorf in New Mexico.

1609 Santa Fe wird von spanischen Siedlern gegründet. Die Stadt nennt sich bis heute »America's oldest Capital«.

1680 Konflikte mit den indigenen Völkern führen zur sogenannten Pueblo-Revolte.

ab 1820 Angloamerikanische Siedler dringen immer weiter in den Südwesten vor. Sie erheben Besitzansprüche auf Land und Bodenschätze. Auseinandersetzungen mit den indigenen Völkern sind an der Tagesordnung, wobei Letztgenannte hoffnungslos unterlegen sind. In brutalen Kriegen werden ganze Völker ausgerottet, andere werden deportiert.

1846–1848 Durch den Mexikanisch-Amerikanischen Krieg wächst das Territorium der USA bis zum Pazifik.

1847 Verfolgte Mormonen kommen in Utah an und gründen Salt Lake City.

1869 Die Zivilisationsgrenze (»frontier«) verlagert sich immer weiter in Richtung Westen. 1869 wird die erste transkontinentale Eisenbahnlinie zur kalifornischen Küste fertiggestellt.

1912 Arizona und New Mexico treten als letzte Staaten des sogenannten »Lower 48« den USA bei. 1959 folgen nur noch Hawaii und Alaska.

1919 Der Grand Canyon wird zum 15. Nationalpark der USA ausgerufen, damit fällt zugleich der Startschuss für den Tourismus.

1926 Die Route 66 wird als erste durchgängig befahrbare Autostraße an die Westküste fertiggestellt. 1938 sind die letzten Abschnitte asphaltiert.

1943–45 In Los Alamos, New Mexico, entwickeln Robert Oppenheimer und sein Team die Atombombe.

1973 Mit der Eröffnung des MGM Grand beginnt in Las Vegas das Zeitalter der Casino-Resorts.

2014 Colorado legalisiert den kontrollierten Verkauf von Marihuana, Nevada schließt sich 2017 an.

2018 Präsident Trump plant weiterhin den Bau einer Mauer an der mexikanischen Grenze. Vielerorts werden im Inland zweite Grenzposten eingerichtet.

Mini-Sprachführer

Englisch für die Reise

Das Wichtigste in Kürze

Ja/Nein	Yes/No
Bitte/Danke	Please/Thank you
Hallo!/Auf Wiedersehen!	Hello!/Good bye!
Guten Tag!	Good morning!/Good afternoon!
Guten Abend!/Gute Nacht!	Good evening!/Good night!
Mein Name ist …	My name is …
Entschuldigung!	Excuse me!
Achtung!/Vorsicht!	Attention!/Caution!
Ich verstehe Sie nicht.	I don't understand you.
Wie viel kostet …?	How much is …?
Wo sind die Toiletten?	Where is the lavatory?
Damen/Herren	Ladies/Gentlemen
geöffnet/geschlossen	open/closed
gestern/heute/morgen	yesterday/today/tomorrow
Wie viel Uhr ist es?	What time is it?
Wo ist …?	Where is …?
Wie weit ist …?	How far is …?
Ist das der Weg nach …?	Is this the way to …?
geradeaus/links/rechts/zurück	straight on/left/right/back
nah/weit	near/far
Nord/Süd/West/Ost	north/south/west/east
Ich möchte …	I would like …
Hotel/Unterkunft	hotel/accommodation
Gepäck	luggage
Frühstück	breakfast
Mittagessen	lunch
Abendessen	dinner
Die Rechnung, bitte!	The bill, please!
Restaurant	restaurant
Auto	car
Parkplatz	car park/parking space
Tankstelle	petrol station
Benzin/Super/Diesel/Autogas (LPG)	petrol/unleaded/diesel/liquid petroleum gas
Panne	breakdown
Hilfe!	Help!
Fahrrad	bicycle
Hauptbahnhof	main station
Bushaltestelle	bus stop
Flughafen	airport
U-Bahn-Station	subway station
Zug	train
Schiff/Fähre	ship/ferry
Pass/Personalausweis	passport/ID card
Bank/Geldautomat	bank/cashpoint (ATM)
Polizeistation	police station
Arzt	doctor
Apotheke	pharmacy
Lebensmittelgeschäft	food store
Tourismusbüro	tourist office
Botschaft	embassy

Wochentage

Montag/Dienstag	Monday/Tuesday
Mittwoch	Wednesday
Donnerstag	Thursday
Freitag/Samstag	Friday/Saturday
Sonntag	Sunday

Monate

Januar/Februar	January/February
März/April	March/April
Mai/Juni	May/June
Juli/August	July/August
September	September
Oktober	October
November	November
Dezember	December

Zahlen

1	one	8	eight
2	two	9	nine
3	three	10	ten
4	four	11	eleven
5	five	12	twelve
6	six	100	a (one) hundred
7	seven	1000	a (one) thousand

Register

A

ADAC Traumstraße 52
Albuquerque 131
Alkohol 178
»America the beautiful«-Pass 98
Angeln 179
Angels Landing Trail 157
Anreise 171
Antelope Canyon 98
Arches National Park 162
Architektur 32
Area 51 48
Aria (Las Vegas) 67
Arizona (Norden) 87
Arizona (Süden) 100
Arizona Sonora Desert Museum 113
Arts District (Las Vegas) 71
Ash Meadows National Wildlife Refuge 76
Auto 171

B

Bahn 182
Barrierefreies Reisen 175
Bellagio (Las Vegas) 68
Bierbrauerei 24, 96
Bisbee 115
Black Canyon of the Gunnison National Park 148
Bonanza 34, 79
Boulder 150
Boulder City 82
Bradbury Science Museum 124
»Breaking Bad« 132
Bryce Canyon National Park 158
Burning-Man-Festival 81
Bus 182

C

Caesars Palace (Las Vegas) 68
Camping 50, 181
Canyon de Chelly National Monument 97
Canyonlands National Park 165
Canyon Road (Santa Fe) 122
Capitol Hill (Denver) 140
Capitol Reef National Park 161
Carroll Shelby Museum (Las Vegas) 70
Cathedral Basilica of St. Francis of Assisi (Santa Fe) 122
Cherry Creek (Denver) 141
Children's Museum of Phoenix (Phoenix) 104
Clyfford Still Museum (Denver) 139
Colorado 135
Colorado National Monument 148
Colorado Springs 142
Colorado State Capitol (Denver) 140
Cowboykultur 30, 34

D

Dead Horse Point State Park 165
Death Valley National Park 75
Denver 136
Denver Art Museum (Denver) 139
Desert Botanical Garden (Phoenix) 103
Diamond Peak Ski Resort 77
Diplomatische Vertretungen 175
Downtown Container Park (Las Vegas) 71
Downtown (Denver) 137
Downtown (Las Vegas) 71
Durango 147

E

Einkaufsbummel 26
Einreise 171
Eisenbahn 45
Esskultur 22
Estes Park 150
Events 174

F

Familie 28
Feiertage 175
Ferienwohnungen 182
Festivals 174
Film 34
Flagstaff 94
Football-Endspiel 42
Four Corners 166
Fremont Street (Las Vegas) 71
Frühling 18

G

Garden of the Gods 142
Gastronomie 22
Geld 175
Georgia O'Keeffe Museum (Santa Fe) 121
Geschichte des Südwestens 44
Gesundheit 176
Gewichte 177
Glen Canyon Dam 167
Glücksspiel 40
Golden Nugget (Las Vegas) 73
Goldfield 76
Goldrausch 45
Golf 179
Grand Canyon 88
Grand Canyon Railway 31
Grand Canyon Village 89
Grand Canyon West 89
Grand Staircase-Escalante National Monument 161
Great Basin National Park 82
Great Sand Dunes National Park 144

H

Happy Hour 108
Haustiere 176
Heard Museum (Phoenix) 103
Herbst 20
Heritage Square (Phoenix) 104
Highway 9 (Zion National Park) 157
Hoover Dam 83
Horseshoe Bend 98
Hotels 182

Register

I
Indianer 38
Indigene Völker 38, 111
Information 176
International UFO Museum and Research Center (Roswell) 130
Internet 180

J
Jerome 92
Jerome State Historic Park 92

K
Kinder 28
Kirkland Museum of Fine & Decorative Art (Denver) 138
Klima 18, 176
Klimatabelle 177
Kodachrome Basin State Park 160
Kolob Canyons 157
Kosten im Urlaub 176
Küche 22
Küche New Mexicos 122
Kühlbox 113
Kultur 32
Kultur der Ureinwohner 40
Kunstgenuss 32, 34, 124

L
Lake Mead 83
Lake Powell 166
Lake Tahoe 77
Larimer Square (Denver) 137
Las Vegas 66
Las Vegas, NM 128
Loneliest Highway 81
Los Alamos 124
Lowell Observatory (Flagstaff) 95

M
Malerei 32
Manhattan Project NHP at Los Alamos 125
Manitou Springs (Colorado Springs) 142
Marihuana 178
Märkte 23
Maße 177
Maut 173
McDowell Sonoran Preserve (Scottsdale) 108
Medien 177
Mesa Verde National Park 146
Meteor Crater 96
Mietwagen 183
Million Dollar Highway 55, 146
Moab 164
Monument Valley 97
Monument Valley Navajo Tribal Park 98
Mormonen 158
Museum Hill (Santa Fe) 122
Musik 33

N
Nachtleben 178
National Automobile Museum (Reno) 80
Nationalparks 82, 165
Native Americans 39
Natural Bridges National Monument 166
Nevada 64
New Mexico 119
New Mexico History Museum (Santa Fe) 121
New Mexico Museum of Art (Santa Fe) 121
New Mexico Museum of Natural History and Science (Albuquerque) 132
North Rim 89
Notfall 178

O
Öffnungszeiten 178
O'Keeffe, Georgia 121, 124
Old Colorado Springs 143
Old Town Scottsdale (Scottsdale) 107
Oldtimer 104
Organ Pipe Cactus National Monument 111
Ouray 147

P
Page 98
Pagosa Springs 145
Palace of the Governors (Santa Fe) 121
Paris Las Vegas (Las Vegas) 68
Parken 173
Pensionen 182
Petrified Forest National Park 96
Phoenix 102
Phoenix Public Market (Phoenix) 103
Pikes Peak 143
Plaza 27
Post 178
Prescott 92
Pueblos in New Mexico 128

R
Radfahren 179
Rauchen 178
Red Rock Canyon 74
Red Rock State Park 94
Reisezeit 18, 176
Reiten 179
Reno 79
Reservate 38
Rhyolite 76
RiNo (River North) (Denver) 140
Roadtrip 52
Rocky Mountain National Park 149
Roswell 130
Route 66 46, 52, 91
RV 50

S
Saguaro National Park 112
Sand Harbor State Park 77
San Miguel Chapel (Santa Fe) 122
Santa Fe 120
Santa Fe Plaza (Santa Fe) 122
Scottsdale 106
Scottsdale's Museum of the West (Scottsdale) 107
Sedona 93
Seligman 91

Register

Sicherheit 178
Siedler, erste 44
Sin City 73
Skilaufen 179
Snowboarden 179
Sommer 19
South Rim 89
Souvenirs 27
Sport 179
Springdale 157
Stadtzentrum,
 Wiederbelebung 47
State Parks 165
Steak 25
St. George 158
Straßenverkehr 171
Stratosphere Tower
 (Las Vegas) 68
Strip (Las Vegas) 67
Strom 180
Superbowl 42
Superfood 24

Taliesin West (Scottsdale) 107
Tanken 172
Taos 125
Taos Pueblo 126
Taos Ski Valley 128

Telefon 180
Tempe 110
Tex-Mex-Küche 22
The Kit Carson Home &
 Museum (Taos) 126
The Mob Museum
 (Las Vegas) 73
The Venetian (Las Vegas) 68
Tombstone 115
Trail Ridge Road 149
Traumstraße 52
Trinkgeld 180
Tucson 113
Twain, Mark 78

Übernachten 84, 99, 116, 133, 152, 168, 181
Union Station (Denver) 137
Ureinwohner 38
Utah 154

Valet Parking 110
Vegetation 112
Verkehrsmittel im Land 182
Verkehrsvorschriften 172
Virginia City 78

Waffenlobby 167
Währung 175
Wandern 180
Waterfront (Scottsdale) 107
Wayne, John 37
Westernfilm 33, 34
Westernhemd 27
Westernstädtchen 30, 36
White Sands National
 Monument 131
Williams 90
Winter 21
Winter Park 150
Wohnmobil 50

Zeitverschiebung 183
Zion National Park 156
Zion Canyon Scenic Drive 157
Zollbestimmungen 183

# Bildnachweis

Bildnachweis
Titel: Der Totem Pole im Monument Valley
Foto: **Getty Images** (Thomas Roche)

Alamy Stock Photo: Paul Briden 70 – **AWL Images:** Michele Falzone 58/59 – **Broadmoor Hotel:** Jim Johnson 153 – **Cobb Mansion:** 85 – **DPA/Picture-Alliance:** Zuma Press 43 – **Getty Images:** Universal Images Group 2.2, 38; Lonely Planet Images/Andrew Peacock 23; Alex Potemkin 26; Roberto Finizio 33; Moviepix 34; Focus On Sport 42; Zuma Press 43, Alan Copson 61.1, 147; Lonely Planet Images/Michael Marquand 61.2; Ben Miller 62.3; Ed Freeman 151; Ron Thomas 155.3; Casey Hill 167; Photographer's Choice/Bill Heinsohn 174; Craig Cozart 181; Yin Yang 192.1 – **Getty Images for InStyle:** Jason Wise 61.3 – **Huber Images:** Tim Draper 63.2; Susanne Kremer 71; Mackie Tom 164 – **imago:** blickwinkel 9; Zuma Press 29 – **Lookphotos:** age fotostock 63.3 – **Mark Boisclair Photography Inc.:** 117 – **mauritius images:** Naum Chayer 32; Collection Christophel 35; Richard Cummins 36; Collection Christophel 37; Christian Reister 52; United Archives 62.2; Ken Howard/Alamy 76; Westend61/Fotofeeling 83; age fotostock/Radomir Hofman 88; robertharding/Michael DeFreitas 101.3; Maria Janicki/Alamy 104; Ian Dagnall/Alamy 106/107; age fotostock/Richard Cummins 114; Patti McConville/Alamy 119.1; Masterfile RM/R. Ian Lloyd 119.3; robertharding/Wendy Connett 127; Udo Siebig 155.1; Prisma/Heeb Christian 173; robertharding/Richard Maschmeyer 184 – **Mother Road Brewing Co.:** 63.1 – **Old Tucson:** 28 – **shutterstock.com:** Margaret.W 3.1, 19; kravka 3.2, 31; IM_photo 4.1, 65.2; Don Mammoser 4.2, 79; kojihirano 7.1, 60.1; tobkatrina 8.3; topseller 10/11; Tono Balaguer 12/13; Edwin Verin 14/15; f11photo 16/17; Haeryung Stock Images 18; Dr. Alan Lipkin 21; nadianb 22; Alexander Raths 25.1; PackShot 25.2; michaeljung 27; Kobby Dagan 30; marina shin 39; Belish 40; Harold Pelgrom 41; Sopotnicki 44; Phawat 45; underawesternsky 46.1, 129; ventdusud 46.2; Laurens Hoddenbagh 47; Ruslan Kalintsky 48; Claudio Divizia 49; Jim Parkin 50; mariakraynova 51; JP-artdirector 54; WorldPictures 55.1; Peter Kunasz 55.2; Jesse Stephens 56; canadastock 57, 94; Dan Kaplan 62.1; D Gentilcore 65.1; KYPhua 75; warasit phothisuk 80; Jan_Wojcicki 87; Crystal Sibson 93; Patchanokk 97; Tim Roberts Photography 102/103; CrackerClips Stock Media 119.2, 130; ChristianZscheile 120/121; Jeffrey M. Frank 125; kojihirano 131; jackanerd 135.1; robert cicchetti 141; Johnny Adolphson 162/163; trekandshoot 192.2 – **stock.adobe.com:** Fotoluminate LLC 2.1, 6/7; f11photo 7.2, 66/67; pink candy 8.1; Andy 8.2, 11, 136/137; Quattrophotography 20; Zack Frank 60.2; DIIMSA.com 90; lucky-photo 101.1, 112; haveseen 135.2, 149; Greg Meland 143; Sean Xu 144; Brad Nixon 148; mightypix 155.2; Calin Tatu 156; swisshippo 159; Daniela 160

S. 32: © des abgebildeten Werks bei Frank Lloyd Wright/VG Bild-Kunst, Bonn 2019

Impressum

Herausgeber: GRÄFE UND UNZER VERLAG GmbH, Postfach 86 03 66, 81630 München
Leitender Redakteur: Benjamin Happel
Autor: Ralf Johnen
Verlagsredaktion: Nadia Terbrack (verantw.), Larissa Köpp, Gernot Schnedlitz, Silke Tauscher
Redaktion: Dr. Gabriele Rupp, Felicitas Holdau
Satz: Angelika Wagener für Intermag Publishing GmbH, München; Felicitas Holdau
Bildredaktion: Helen Faehrmann, Sven Dannenberg
Schlusskorrektur: Ulla Thomsen
Reihengestaltung: Independent Medien Design, Horst Moser, München; Eva Stadler, München
Kartografie: Kunth Verlag GmbH & Co. KG, München
Herstellung: Mendy Willerich
Druck + Bindung: Drukarnia Dimograf Sp z o.o. (Polen)

Ansprechpartner für den Anzeigenverkauf:
KV Kommunalverlag GmbH & Co. KG, MediaCenter München,
Tel. 089/928 09 60

Ein Unternehmen der
GANSKE VERLAGSGRUPPE

ISBN 978-3-95689-679-8
1. Auflage 2019

© 2019 GRÄFE UND UNZER VERLAG GmbH, München
ADAC Reiseführer Markenlizenz der ADAC Medien und Reise GmbH, München

Leserservice
adac@graefe-und-unzer.de
Tel. 00800/72 37 33 33 (gebührenfrei in D, A, CH)
Mo–Do: 9–17 Uhr, Fr: 9–16 Uhr

Das Werk einschließlich aller seiner Teile ist urheberrechtlich geschützt. Jede Verwendung ohne Zustimmung von Gräfe und Unzer ist unzulässig und strafbar. Das gilt insbesondere für Vervielfältigungen, Übersetzungen, Mikroverfilmungen und die Verarbeitung in elektronischen Systemen. Die Daten und Fakten für dieses Werk wurden mit äußerster Sorgfalt recherchiert und geprüft. Wir weisen jedoch darauf hin, dass diese Angaben häufig Veränderungen unterworfen sind und inhaltliche Fehler oder Auslassungen nicht völlig auszuschließen sind. Für eventuelle Fehler oder Auslassungen können Gräfe und Unzer, die ADAC Medien und Reise GmbH sowie deren Mitarbeiter und die Autoren keinerlei Verpflichtung und Haftung übernehmen.

Bei Interesse an maßgeschneiderten B2B-Produkten:
gabriella.hoffmann@graefe-und-unzer.de

Das Magazin mit den schönsten Seiten der Welt!

- Spannende, exklusiv recherchierte Reportagen
- Mehr als 250 brillante und stimmungsvolle Fotos
- Zahlreiche Übersichtskarten und Detailpläne
- Serviceseiten mit Insider-Tipps und Hintergrundinfos

Überall, wo es Bücher gibt, und beim ADAC.
adac.de/shop

Alle zwei Monate neu!

ADAC Medien und Reise GmbH

Mobil vor Ort

Unterwegs im Südwesten der USA

Das Recreational Vehicle

Amerikaner lieben ihre RVs. Die Wohnmobile bieten allen erdenklichen Komfort und ermöglichen die Übernachtung in Nationalparks und ähnlichen Attraktionen. Auf den Passstraßen des Südwestens kann die Navigation eine Herausforderung sein, auch haben die bis zu elf Meter langen Gefährte ihren Preis.

■ www.visittheusa.com/info/camping-rvs

Winterreifen und Schneeketten

Der Südwesten der USA kann sehr heiß sein. Doch alle fünf Staaten sind zugleich sehr bergig: Lediglich Arizona hat keinen 4000er, doch Humphreys Peak bei Flagstaff bringt es immerhin auf 3852 Meter. Autofahrer müssen daher von Oktober bis Mai vielerorts mit Schnee, Eis und gesperrten Straßen rechnen.

■ www.az511.com, www.cotrip.org, www.nvroads.com, www.udot.utah.gov

Klassische Automobile

Der Südwesten ist ein wahres Paradies für Auto-Nostalgiker. Nicht nur die Route 66, sondern auch viele Automuseen und Auktionen erlauben den direkten Kontakt zu Klassikern aus den USA und Europa.

■ Details siehe S. 80, 91, 104

Gipfelfahrten

Die Gipfel der Rocky Mountains sind nicht ganz so hoch wie die der Alpen. Die Straßen hingegen führen deutlich höher hinauf: So wird die Tour auf den Pikes Peak (4302 m) in Colorado zu einem Höhenflug, der so in Europa nicht möglich ist.

■ Details siehe S. 143